© 2023 Ludovica Capozzi - Prima edizione 2021

https://www.quaderni6-11.it

Tutti i diritti sono riservati.
Nessuna parte del libro può essere riprodotto o diffusa con un mezzo qualsiasi, fotocopie, microfilm o altro, senza il permesso scritto dell'Autore

Alcune immagini sono ad utilizzo gratuito reperite sul sito Freepik; altre create dall'autrice.

Layout grafico e impaginazione a cura di Ludovica Capozzi
Copertina a cura di www.anovaproject.com | info@anovaproject.com

Ludovica Capozzi

Quaderni 6-11

Album Linguaggio 1

Introduzione al linguaggio

A Davide e Angelo

"Non possiamo creare osservatori dicendo ai bambini: "Osservate!", ma dando loro il potere e i mezzi per tale osservazione, e questi mezzi vengono acquistati attraverso l'educazione dei sensi".

(Maria Montessori, "La scoperta del bambino")

Ludovica Capozzi

Biografia

Nata a Terracina nel 1975, insegnante di Scuola Primaria, Specializzata per le attività di Sostegno nella Scuola Primaria e nella Scuola dell'Infanzia ha conseguito con profitto il titolo Montessori presso l'Opera Nazionale Montessori in Roma.

Fin da subito, ha osservato che i Materiali Montessoriani, ricreati e contestualmente riadattati per la scuola comune, esprimevano una risorsa esperienziale per l'apprendimento dei concetti e delle nozioni. Nondimeno, gli stessi materiali, stimolando la curiosità e le intelligenze di ogni bambino, anche e soprattutto nei bambini con difficoltà e disabilità, permettevano di "lavorare con gioia" e di "provare il piacere della scoperta". Questa è stata, fin dagli inizi, la motivazione che l'ha spinta verso un modo innovativo e creativo di pensare l'apprendimento.

Introduzione al linguaggio

Indice

Premessa

1. Introduzione al linguaggio	pag	11
- Schema del Linguaggio	pag	18-19
2. La Scrittura	pag	20
- Schema della Scrittura	pag	22-23
3. La lezione dei 3 tempi	pag	24
4. Preparazione della mano	pag	28
- Incastri di ferro	pag	36
5. Lettere smerigliate	pag	45
6. Analisi dei suoni	pag	52
Esercizi e Materiali	da pag	62

Ritaglio/Piegatura
Incastri di ferro
Lettere Smerigliate
Lettere Mobili
Parole Facili

Introduzione al linguaggio

Questo libro fa parte della collana "Quaderni 6-11", ispirati al metodo Montessori.
Nella stessa collana sono già stati pubblicati
"Album Matematica 1" e "Album Matematica 2 – Il Sistema Decimale"

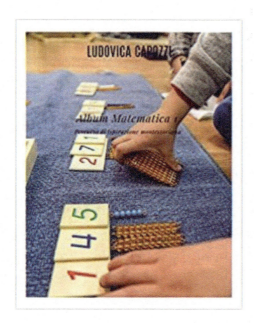
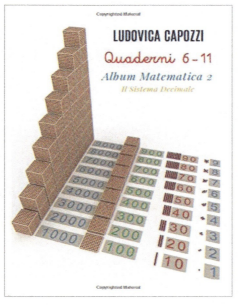

I "Quaderni 6-11" non sono divisi per classi scolastiche; è possibile creare, per ogni bambino, un percorso personale seguendo i tempi di apprendimento dello stesso.
Il "Quaderno", rivolto all'adulto che segue il bambino, è in forma di Guida e alterna presentazioni-lezioni ancorate alla teoria.
Segue un Eserciziario, pensato per il Bambino, con i Materiali che vengono utilizzati nelle presentazioni-lezione (è opportuno che il Bambino li abbia con sé mentre lavora sul quaderno).
Poi, sono presenti i Materiali da stampare e, dove è previsto che il bambino tocchi in modo sensoriale, sarebbe opportuno riprodurre la parte con carta smerigliata (es. Lettere smerigliate).
Infine, sono previste le Schede corrette, affinché il bambino possa utilizzarle per l'Autocorrezione e lavorare in piena autonomia.

Gli Esercizi e le Schede corrette possono essere fotocopiate, ritagliate lungo i bordi e inserite in raccoglitori, così da favorire il lavoro autonomo del bambino.

Introduzione al linguaggio

Premessa

Perché scrivere *"Linguaggio"* in un libro rivolto agli insegnanti, genitori o chi, a vario titolo, si occupa dell'insegnamento della lingua italiana ai bambini?
Perché questo testo, che segue il metodo Montessori, concorda con l'idea di Maria Montessori, di apprendimento della lingua come reale comunicazione e non come semplice insieme di insegnamento di tecniche.

L'Unione Europea ha definito le Competenze-chiave che ogni cittadino deve acquisire per realizzare il proprio pieno sviluppo: sono quelle di cui tutti hanno bisogno per la realizzazione e lo sviluppo personale, la cittadinanza attiva, l'inclusione e l'occupazione.

La prima che viene indicata è la *"Comunicazione nella madrelingua"*, intesa come capacità di esprimere e interpretare concetti, pensieri, sentimenti, fatti e opinioni in forma orale e scritta (comprensione ed espressione orale; comprensione ed espressione scritta) e di interagire, sul piano linguistico, adeguatamente e in modo creativo nei diversi contesti, culturali e sociali.

Quindi è necessario che ogni persona conosca il vocabolario, la grammatica, le funzioni del linguaggio; inoltre, che conosca i principali tipi di interazione verbale, vari tipi di testi letterali e non letterali, le principali caratteristiche dei diversi stili e registri del linguaggio in modo da poter comunicare in contesti diversi.
Infine, deve saper distinguere e utilizzare diversi tipi di testi; cercare, raccogliere ed elaborare testi; usare sussidi, argomentare in modo convincente e appropriato al contesto, in forma verbale e scritta.

La PROPOSTA MONTESSORIANA basata su

- ✓ Ambiente preparato
- ✓ Bisogni del bambino
- ✓ Libera scelta dei lavori da svolgere

→ favorisce queste nuove richieste e necessità

Introduzione al linguaggio

AMBIENTE

spazio fisico e spazio educativo preparato, ossia, a misura di bambino, organizzato secondo i suoi bisogni. Suddiviso in angoli dedicati alle diverse proposte dove gli oggetti e i materiali hanno un loro posto, facilmente riconoscibile, e tutto è in ordine (ordine che non è solo esterno, ma che diventa anche interno al bambino). Questa organizzazione favorisce l'autonomia del bambino e lo orienta.

LIBERA SCELTA

non significa lasciare il bambino a se stesso, ma non porre ostacoli al suo naturale sviluppo.
Il bambino, se lasciato libero di lavorare secondo i propri ritmi e i propri interessi, impara a padroneggiare e svolgere le competenze necessarie al pieno sviluppo della sua personalità, che diventa aperta e rispettosa verso il mondo. Bisogna avere massima fiducia nel bambino, nel suo interesse spontaneo, nella sua spinta naturale ad agire e conoscere.

MATERIALE

Esso è:
di sviluppo, ossia la sua funzione non è quella di spiegare, ma è quella di rispondere ai bisogni della mente del bambino;
lo aiuta a superare i vari stadi della conoscenza, fino all'astrazione;
consente di esercitare la capacità "assorbente" della mente, in modo naturale;
permette a tutto il corpo di esercitare l'intelligenza e la creatività.
è guida per lo sviluppo della mente del bambino;
è autocorrettivo: il bambino è messo nella condizione di riconoscere l'errore. Questo favorisce l'autonomia e la motivazione. Dove non è presente la correzione, la inserisce l'adulto, ad esempio, con schede autocorrettive.

Introduzione al linguaggio

Caratteristiche del Materiale:

- attraente e invitante esteticamente, per favorire l'attenzione;

- consente il controllo dell'errore, diretto e indiretto;

- permette di svolgere l'attività utilizzando il movimento e la manipolazione di oggetti concreti;

- affronta una difficoltà per volta;

- è graduale e rispetta i tempi individuali di apprendimento;

- favorisce, attraverso operazioni concrete, processi di organizzazione del pensiero e di astrazione.

Nel riprodurre e/o costruire nuovi Materiali di Linguaggio ho tenuto conto di alcuni criteri:

- ✓ l'autocorrezione;

- ✓ individuare e svolgere un argomento per volta;

- ✓ l'attività deve essere piacevole;

- ✓ gli oggetti concreti devono essere belli, semplici, essenziali (per evidenziare, facilmente, gli aspetti da cogliere), e devono attirare l'attenzione;

- ✓ Il risultato finale non sempre deve essere un prodotto;

- ✓ la verifica della comprensione, dove è possibile, è il successo dell'azione.

Introduzione al linguaggio

Con il Materiale diamo una iniziale visione generale delle cose che fornisce un orientamento per, poi, completare con i dettagli, i particolari, che chiariscono e facilitano lo studio.

Inoltre, i diversi Materiali, permettono al Bambino di tornare, ritornare, ampliare, colmare e approfondire le diverse conoscenze dando stimoli adeguati al sostegno, recupero e potenziamento, così da permettergli di seguire il suo percorso.

In questo modo, il Bambino, durante il lavoro quotidiano, è sostenuto nei suoi interessi ma, anche, nelle sue difficoltà.

> La **VERIFICA** è l'**osservazione** costante e scientifica del bambino

LA VALUTAZIONE

può essere organizzata seguendo alcuni aspetti:

- Capacità di:
  scegliere, svolgere e portare a termine, in modo autonomo, un'attività;
  tenere in ordine i Materiali e l'Ambiente;

- Tempo di concentrazione;

- Ripetizione dell'esercizio;

- Controllo dei movimenti.

L'ADULTO
(insegnante, genitore, ...)

✓ prepara l'Ambiente;

✓ presenta i Materiali durante una lezione;

✓ non è centrale nell'apprendimento del Bambino, ma è un ponte tra Ambiente, Materiale e Bambino;

✓ è attento osservatore del Bambino: deve capire quando è il momento di intervenire perché egli ha una difficoltà; riconoscere quando è concentrato;

✓ segue le richieste e i bisogni del Bambino: in base ad essi, preparare l'Ambiente e il Materiale!

Introduzione al linguaggio

1. Introduzione al linguaggio

*"Il linguaggio è di tale importanza per la vita sociale che potremmo considerarlo come base di essa. Esso permette agli uomini di unirsi in gruppi, in nazioni.
Il linguaggio determina quella trasformazione dell'ambiente che noi chiamiamo civilizzazione"*
(M. Montessori, La mente del bambino)

Secondo Maria Montessori, il linguaggio è l'espressione, la manifestazione della globalità della persona ed è collegato alle esperienze che si fanno nell'Ambiente.
Il bambino, durante i **Periodi Sensibili** del movimento, del linguaggio, dell'amore per l'ambiente e dell'ordine, ossia nel I Piano di Sviluppo 0-6 anni, assorbe, assimila tutto quello che ha intorno, in modo indelebile.
Durante questo periodo, costruisce se stesso e la sua personalità.

PERIODI SENSIBILI

Periodi in cui, il bambino, è più sensibile a fare esperienze, conoscenze e apprendimenti, in modo spontaneo e in un Ambiente favorevole, significativi per il suo sviluppo e l'acquisizione di nuove abilità.

FINESTRE EVOLUTIVE

I *Periodi Sensibili* di M. Montessori sono stati confermati dalle Neuroscienze con il termine di **Finestre Evolutive:** periodi di tempo in cui la plasticità cerebrale è massima e permette agli interventi didattici di essere efficaci; il bambino apprende, così, le conoscenze e le competenze che gli serviranno per organizzare la sua fase di crescita

Album Linguaggio 1

Introduzione al linguaggio

IL LINGUAGGIO 0 - 3 ANNI

Nel *Periodo Sensibile del Linguaggio* 0 – 3 anni, il bambino costruisce il linguaggio dentro se stesso attraverso la *Mente Assorbente*.
Per questo motivo è importante che abbia intorno a sé un *Ambiente preparato*.

Mente Assorbente

La costruzione della mente del bambino avviene attraverso l'assorbimento inconscio delle informazioni che, essa, riceve dall'Ambiente, nel periodo sensibile.
La Mente Assorbente è attiva e costruttiva.

Plasticità del Cervello

La *Mente Assorbente* è confermata dagli studi neuroscientifici con il concetto di **Plasticità del cervello**: il cervello si modifica con l'esperienza e l'apprendimento.
La "Mente Assorbente" di M. Montessori è il "Cervello Plastico" dei Neuroscienziati

Introduzione al linguaggio

Ambiente Preparato

Ambiente preparato, ossia, luogo in cui vi sono oggetti e materiali adatti al periodo di sviluppo del bambino e, a cui, lui si dedica con interesse e concentrazione acquisendo, così, nuove abilità.

Dunque, il bambino ha a disposizione un Materiale che lo stimola e gli consente l'attività libera e spontanea, esplorazione e concentrazione senza distrazioni.

Tutto deve essere a misura di Bambino e ordinato
(ogni cosa al suo posto e, questo, indica stabilità).

La concentrazione e l'interesse si originano dall'eliminazione della confusione e della superficialità.

Tutto ciò favorisce l'apprendimento e orienta la mente del Bambino

---

In questo periodo il bambino non parla, oppure, il suo linguaggio non è corretto.
Sembra che non accada nulla ma, dentro se stesso, interviene una forza che lo spinge verso l'*esperienza*, e ad agire per uno scopo preciso.
Successivamente, avviene una esplosione, una manifestazione esterna che fa comprendere all'adulto quanto il bambino abbia lavorato per raggiungere quella *competenza*.
Questa maturazione avviene, appunto, per mezzo della mente assorbente che "assorbe" informazioni dall'esterno
In questo processo, di gran lavoro interiore, il bambino non fa fatica;
ma, affinché il linguaggio possa essere assorbito, la cornice entro cui egli interagisce con l'adulto, deve essere adeguata:

Introduzione al linguaggio

- le parole devono essere compiute, i discorsi e i toni appropriati e, questi ultimi, non devono essere vezzeggiativi;

- l'atteggiamento dell'adulto non deve essere quello di "scimmiottare", imitare il bambino che, in quel momento, è concentrato a sviluppare le sue capacità di linguaggio.

Contribuiscono al suo sviluppo due "organi psichici": la lingua e la mano

Il bambino, anche molto piccolo, deve avere la possibilità di
- muoversi liberamente
- toccare
- afferrare   } gli oggetti
- mettere in bocca

Introduzione al linguaggio

IL LINGUAGGIO 3 - 6 ANNI

Nel *Periodo Sensibile del Linguaggio* 3 – 6 anni, il bambino mette ordine e perfeziona tutto ciò che ha "assorbito" fino a questo momento, in un Ambiente preparato.

I *Materiali*, previsti per questo periodo, sono di tipo **sensoriale**.

Il Materiale Sensoriale
ha caratteristiche evidenti, chiare, concrete
(dimensione, forma, ...);
è una guida per la mente del bambino

Il contatto con esso avviene attraverso
i **sensi** e il **movimento**

Il Bambino può
- ordinare
- seriare
- graduare

queste qualità astratte in oggetti concreti
(**Astrazione Materializzata**)

Le qualità vengono inserite e messe a disposizione una per volta, ognuna con un Materiale diverso, così da superare, eventuali, difficoltà

Grande – Piccolo

Grosso – Fino

Lungo – Corto

Alto – Basso

Liscio – Ruvido

Anche il *Materiale* di Linguaggio è *sensoriale*

> Tocco delle lettere smerigliate
> Analisi dei suoni
> Composizione con le letterine

Introduzione al linguaggio

Il Materiale Sensoriale e gli esercizi di *Vita Pratica* preparano, in modo indiretto, alla scrittura, alla lettura e allo sviluppo della mente matematica.

Con essi, il bambino compie azioni che permettono alla mano di esercitarsi:
- movimenti
- rinforzo muscolare / linguaggio

Questo è un periodo in cui il bambino si avvia, inoltre, verso l'interesse per la scrittura e la lettura perché è il *Periodo sensibile dell'ordine*

> Il bambino ha assorbito dall'Ambiente; ora ha necessità di fare ordine, fra tutti i suoni che possiede, con parole e discorsi compiuti

A partire dai 5 anni, il bambino, può incominciare a leggere e scrivere, seguendo il suo speciale *Periodo sensibile*, dunque, per una questione di maturazione e non per l'età.
Inizialmente, fissa i "meccanismi" psicomotori della scrittura e della lettura e si avvia verso lo sviluppo, l'esercizio, il "fare esperienza" di questa conquista, attraverso un processo lungo di maturazione, con esercizi psicomotori.
(Scuola dell'Infanzia)
Successivamente, acquisisce con processi progressivi, la produzione (scrittura) e l'interpretazione (lettura) della lingua.
(Scuola Primaria)
Durante il percorso vi è una spontanea acquisizione delle conoscenze e tutti i bambini hanno le capacità per raggiungerle.
Come ci insegna M. Montessori, però, è presenta un'idea errata: l'educazione è possibile solo dopo i 6 anni di età del bambino!
Scrivere e leggere sono gli strumenti primari della conoscenza, senza i quali non è possibile nessun altro apprendimento: eppure non sono attività naturali per l'uomo, come lo è il linguaggio parlato, orale.
Soprattutto, imparare a scrivere è considerato un compito difficile, riservato solo ai bambini più grandi.

Introduzione al linguaggio

Si può, invece, insegnare anche ai bambini più piccoli, a partire dai 4 anni, seguendo un percorso graduale, secondo un processo interiore del bambino.

- Presentiamo una lettera per volta, facendola toccare: il senso del tatto è un grande aiuto per il bambino;

- Poi, il bambino comincia a collegare le lettere ai suoni: le lettere rappresentano uno stimolo che chiariscono il linguaggio, nella mente del bambino, e lo aiutano ad analizzare le sue stesse parole.

  Quando il bambino conosce un certo numero di lettere, se gli viene in mente un nome che include suoni diversi da quelli che già conosce e sa usare, in modo spontaneo chiede come si scrive.

  Vi è in lui uno stimolo interiore a imparare sempre più, e si mette, da solo, a leggere i vari suoni delle parole che conosce e usa nel parlare.

- Infine, dopo aver ascoltato una parola, il bambino la riscrive con le lettere mobili dell'Alfabetario grande.

Possiamo osservare che, al bambino di 4 anni, per comprendere correttamente una parola, basta che la pronunciamo anche solo una volta; il bambino di 7 anni, invece, per comprenderla ha bisogno di più tempo e che venga ripetuta più volte.
Ciò è dovuto a questo speciale Periodo sensibile in cui la mente del bambino è più predisposta a ricevere impressioni, tracce, segni che, con più difficoltà, vengono colti in un'età successiva, quando questo speciale Periodo è scomparso.
Osservare il bambino, significa, dunque, lasciare che sia guidato dal suo Maestro Interiore, offrendo un Ambiente preparato e presentando il Materiale specifico che risponda alle sue richieste e ai suoi bisogni.
Il bambino, allora, lavora senza sforzo e con gioia.
Allo stesso tempo, offrire tutto ciò al bambino, in un momento successivo, fa comunque progredire il bambino, ma con più fatica.

Introduzione al linguaggio

Per concludere, il linguaggio non è il risultato di un apprendimento, ma di un lungo lavoro psichico che si svolge nell'inconscio: tutte le acquisizioni inconsce, in questo periodo, vengono perfezionate affinché diventino coscienti.

Alcuni materiali utilizzati nella scuola primaria vengono usati, per una prima conoscenza o in forma sensoriale, anche nella "Casa dei Bambini"

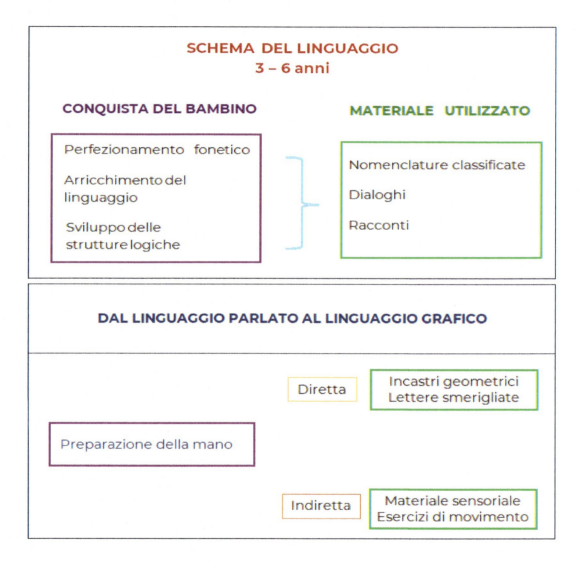

Introduzione al linguaggio

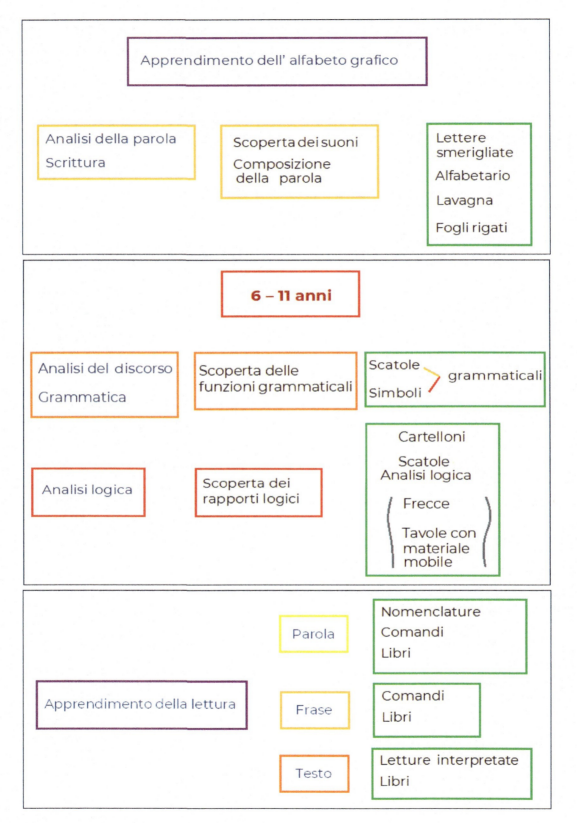

Album Linguaggio 1

Introduzione al linguaggio

2. La Scrittura

"Nel piccolo bambino, ciò che venne precisato con la prima parte del metodo, furono i <<meccanismi>> psicomotori della parola scritta, i quali dovevano venire a stabilirsi con un processo lento di maturazione – con un esercizio metodico delle vie psicomotrici – similmente a ciò che avviene per lo stabilirsi naturale del linguaggio articolato. In un periodo superiore, la << mente >> potrà servirsi nei suoi processi progressivi del linguaggio scritto, che fu meccanicamente stabilito così nella produzione (scrittura) come nell'interpretazione (lettura)".
(M. Montessori, L'autoeducazione)

La scrittura è un processo in cui le componenti Meccaniche, Cognitive e Sensoriali sono in relazione: la loro acquisizione è determinante per l'apprendimento della stessa e quando giungono a maturazione il bambino comincia a scrivere, e vi è una vera e propria esplosione della scrittura
M. Montessori è interessata, in modo prioritario, ai meccanismi che precedono la scrittura sul piano sensoriale e meccanico, con il funzionamento della mano e i suoi movimenti: gli aspetti del linguaggio grafico, condizione necessaria da acquisire, che prepara e precede la scrittura.
La scrittura è il risultato del lavoro della mano che traccia sul foglio linee orizzontali, verticali, oblique e curve e con l'*Educazione sensoriale*, diventa un processo spontaneo: il bambino "tocca" con indice e medio (le dita della scrittura, insieme al pollice) la forma della lettera e, con il movimento, la memorizza

---

EDUCAZIONE SENSORIALE

I Sensi si possono "educare" con i Materiali di sviluppo: lo scopo è quello di raffinare la percezione dello stimolo, che viene dato in modo graduale, per cogliere le differenze, attraverso la ripetizione dell'esercizio.

Pertanto, per la formazione della mente del bambino è determinante partire dai sensi, ossia dall'esperienza concreta.

Introduzione al linguaggio

L'atto dello scrivere è un meccanismo complesso e M. Montessori afferma che nell'infanzia si fissano i meccanismi motori e indica un "*Periodo Sensitivo*" (3-4 anni) di raffinamento del movimento della mano.
Dunque, con il Materiale anche la scrittura diventa un processo naturale, perché i movimenti finalizzati ad essa si fissano senza sforzo e in modo naturale.
Il bambino, in modo progressivo, conquista la capacità di controllare il movimento della mano e, con la giusta pressione, di tracciare un segno sul foglio.

Questa conquista riguarda la capacità oculo-manuale, ovvero, la coordinazione fra la mano e la penna e/o matita e fra la mano e la mente.

NOTA
Tutti i lavori presenti sono rivolti sia a bambini che lavorano singolarmente, sia in piccolo gruppo oppure in grande gruppo, gruppo-classe.

NOTA
Ogni lavoro deve essere gratificante e mai deve suscitare, nel bambino, il timore di sbagliare.

Introduzione al linguaggio

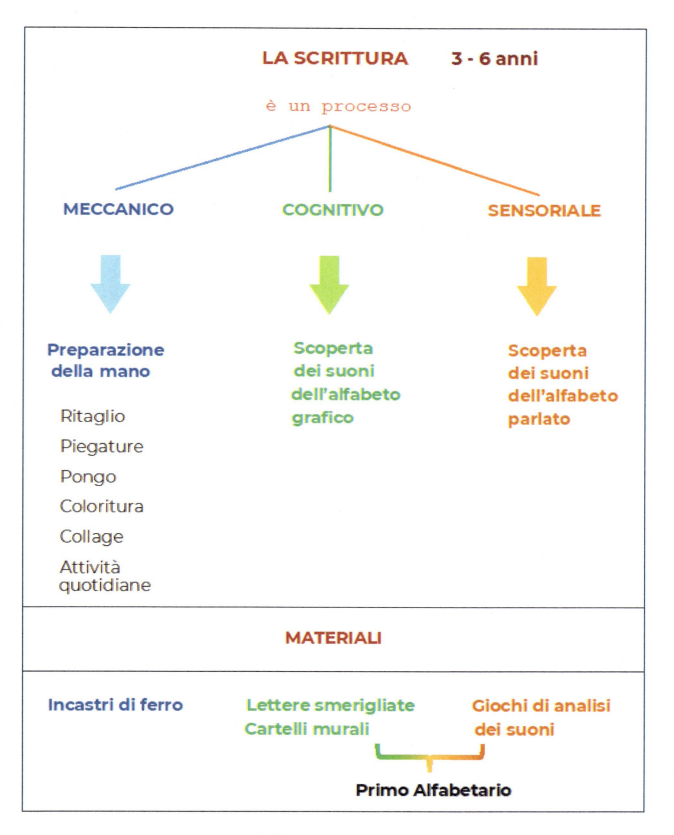

Album Linguaggio 1

Introduzione al linguaggio

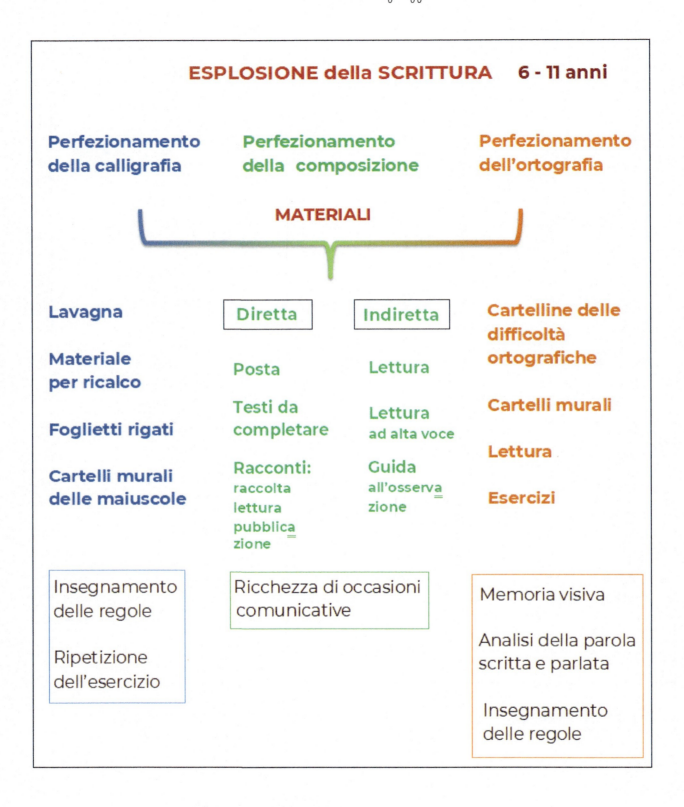

Album Linguaggio 1

3. La Lezione dei tre tempi

Obiettivo della Presentazione del Materiale è far capire al bambino come si usa, quali scopi ha e avviarlo al lavoro autonomo.
Dapprima egli associa la percezione sensoriale al nome, poi riconosce l'oggetto corrispondente al nome, infine ricorda il nome corrispondente all'oggetto.
Questo avviene durante la LEZIONE dei 3 TEMPI
(ripresa, da M. Montessori, dal medico francese E. Séguin che la utilizzava con i bambino con disabilità per ottenere l'associazione tra l'immagine e la parola corrispondente)
Con la Lezione, tipica modalità della scuola dell'infanzia, presente anche nella scuola primaria, richiamiamo l'attenzione del bambino, mostriamo il Materiale e diamo la nomenclatura: così aiutiamo il Bambino ad utilizzare il Materiale!
La Lezione è:

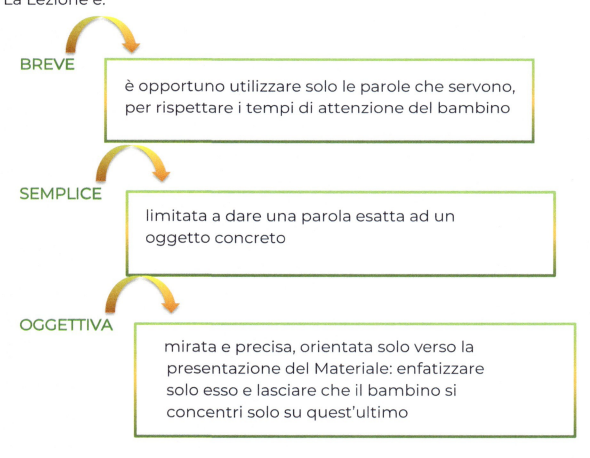

BREVE — è opportuno utilizzare solo le parole che servono, per rispettare i tempi di attenzione del bambino

SEMPLICE — limitata a dare una parola esatta ad un oggetto concreto

OGGETTIVA — mirata e precisa, orientata solo verso la presentazione del Materiale: enfatizzare solo esso e lasciare che il bambino si concentri solo su quest'ultimo

Introduzione al linguaggio

Presentiamo il Materiale seguendo il *Periodo Sensibile* del bambino, senza anticipare o posticipare le nuove conoscenze. Stimoliamo, sempre, il suo interesse, la sua curiosità e la sua creatività, in modo che egli sia pronto e attratto dall'oggetto e dal lavoro proposto.

Se, tuttavia, non mostra partecipazione vuol dire che non è pronto e, quindi, è opportuno non insistere. Verifichiamo che il Materiale presentato in precedenza sia stato compreso e abbia stimolato nuove conoscenze. Quindi, ripresentiamo il Materiale e osserviamo le difficoltà che il bambino manifesta.

Mentre mostriamo il Materiale, uniamo alle parole i movimenti che spiegano, al bambino, come utilizzarlo al fine di renderlo autonomo nel lavoro.

La spiegazione è semplice, breve: ci limitiamo a dire solo ciò che è essenziale, con un linguaggio concreto, privo di parole astratte.

Poi, invitiamo il bambino a *toccare* il Materiale con le dita della scrittura (indice e medio; in alcuni Materiali, la presa è con le tre dita: pollice, indice, medio) in modo da acquisire una conoscenza sensoriale e precisa dell'esercizio che sta svolgendo.

Ma come realizzare tutto questo?

Prepariamo, insieme al bambino, il Materiale con cui lavorare, e lo trasportiamo sul piano di lavoro (tavolo o tappeto).

Ci sediamo accanto a lui (la prossimità deve essere fisica ed emotiva), in modo da far sentire il bambino più tranquillo, e fargli mantenere l'attenzione.

Mostriamo esattamente l'uso del Materiale, eseguiamo l'esercizio lentamente, una o due volte, con tutti i passaggi che devono essere compiuti.

È importante che il bambino utilizzi sempre il Materiale in modo corretto e per lo scopo previsto, in modo da non generare disordine e caos.

Quando il bambino inizia l'attività, è opportuno non disturbarlo o interrompere il lavoro che sta svolgendo, neanche per correggerlo, perché una caratteristica del Materiale è l'autocorrezione (là dove non sia prevista, la creiamo noi attraverso, ad esempio, Schede Autocorrettive): aspettiamo che trovi l'errore e si corregga da solo.

La presentazione del Materiale la eseguiamo in 3 Tempi.

Introduzione al linguaggio

I TEMPO – ASSOCIAZIONE della percezione sensoriale al nome
Nominiamo il Materiale, indicandolo di volta in volta, e il bambino associa ciò che vede, sente e tocca al nome (es. lettera [a - A] associata al suono ["a"])
Per lo più, corrisponde alla presentazione-lezione in cui scandiamo la nomenclatura dell'oggetto
"QUESTO È …"
In questa fase il bambino è osservatore

II TEMPO – RICONOSCIMENTO dell'oggetto corrispondente al nome
Chiediamo al bambino di
Riconoscere, ricordare, associare e mostrare quale oggetto corrisponde al nome
"MI PRENDI …"
"QUAL È …"
"INDICAMI …"
È il momento più importante per l'apprendimento, per questo motivo, è opportuno chiedere più volte di controllare la risposta:
"Sei sicuro che questo è …? Riprova, Tocca, Conta …"
mentre ripetiamo la domanda, ripetiamo anche il nome dell'oggetto: il bambino, infine, ricorda!
Ora è sollecitato e coinvolto in modo ancor più attivo!

III TEMPO – RICORDO/VERIFICA
Chiediamo al bambino di ricordare
"CHE … È"
"COME SI CHIAMA …"
Questo è il momento in cui avviene la **MEMORIZZAZIONE** dell'associazione dell'oggetto al nome.
È la **VERIFICA** del II tempo.
Quest'ultima fase impegna il bambino in modo attivo!

Introduzione al linguaggio

Così, il nome dell'oggetto viene stabilito dopo un lungo esercizio durante il quale, il bambino, ha:

- concentrato la sua attenzione verso il Materiale e il suo utilizzo
- fatto comparazioni
- ragionato e formato giudizi
- acquisito la capacità di discriminare:
- in breve, ha perfezionato i sensi!

Inoltre, questo modo di procedere rispetta i passaggi che la mente compie per apprendere:

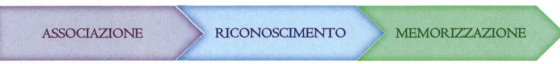

Nel corso della presentazione-lezione e importante:

- stimolare la partecipazione e l'attenzione del bambino;
- ricercare una motivazione che lo tenga attento
- incuriosirlo
- portarlo ad usare il Materiale da solo, in autonomia:

"ho trovato questo Materiale molto bello per imparare, ti spiego come si usa! Vedrai, piacerà molto anche a te! Con questo Materiale tu conoscerai e imparerai molte cose!"

Il bambino apprende osservando da un esempio, e provando a ripetere da solo.
La ripetizione dell'esercizio facilita la memorizzazione dei movimenti e
delle nozioni, dei concetti; in seguito, possiamo aggiungere variazioni alle attività.

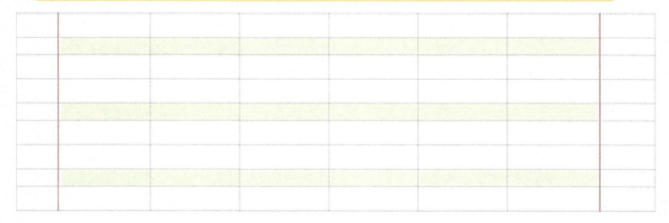

Introduzione al linguaggio

4. Preparazione della mano

Il bambino, dapprima, deve superare alcune difficoltà tecnico-motorie
(M. Montessori le definisce *"ostacoli motori fondamentali"*):
va aiutato, con esperienze sensoriali, a conquistare i prerequisiti necessari per affrontare l'apprendimento della scrittura!
Con il materiale sensoriale educa l'intelligenza, educando la mano.

PREREQUISITI (necessari per la scrittura)	MATERIALE
Prendere e Mantenere la penna/matita con le tre dita della scrittura (pollice – indice – medio)	Incastri di Ferro Incastri solidi
Scioltezza del polso	Scatole dei rumori
Leggerezza della mano	Tavolette del Liscio e ruvido
Fermezza della mano	Serie dei blocchi Torre rosa Scala marrone Aste della lunghezza rosse

Introduzione al linguaggio

Inizialmente, proponiamo attività di disegno di contorni di forme e figure che, poi, colora con la tecnica del "tratteggio".

In seguito, si passa al lavoro di esercitazione sensoriale tattile, visiva e della memoria muscolare, con attività di collegamento tra suono e forma della lettera alfabetica percepita, attraverso il "tocco" delle lettere smerigliate.

Infine, le attività sono finalizzate a disporre le lettere mobili in ordine, in modo tale da scoprire che esse formano parole che hanno un significato!

Pertanto, il bambino passa da eseguire un'azione sensoriale - motoria fino ad arrivare ad eseguire un'azione guidata dall'intelligenza: è Il momento in cui costruisce le parole, e prova piacere a svolgere questo lavoro!

Creare parole, infatti, è più stimolante che leggerle già scritte.
Inoltre, con questa modalità il bambino verifica, da solo, la correttezza delle stesse, attraverso il materiale stesso!

La composizione delle parole è un meccanismo cognitivo, rappresentato dall'associazione tra raffigurazione (immagine visiva) e suono (della stessa)

Progressivamente, emergono le parole, una dopo l'altra; il bambino scopre che può scrivere, e leggere, molte di esse: M. Montessori parla di *"Esplosione della scrittura"*, ossia, la comparsa improvvisa, spontanea e "naturale" del desiderio di scrivere, e quindi leggere, tutte le parole che egli incontra nel suo ambiente!

Fra i 3 e i 6 anni possiamo offrire al bambino attività e materiali che favoriscono occasioni per controllare e perfezionare i movimenti del corpo e in particolare della mano.

Il bambino prova interesse nel travasare, infilare perle, dividere gettoni, ecc... ed in generale nelle attività di vita pratica, ossia attività quotidiane.

Può accadere che il bambino a 6 anni (scuola primaria - classe I) abbia ancora bisogno di perfezionare i movimenti della mano.

Introduzione al linguaggio

Vanno, quindi, predisposte attività che permettono di esercitare la mano.

Ritagliare (figure, centrini,..) Lavorare pongo, pasta di sale,... Piegature (tipo semplici origami,..) Cucire (per esempio con fili grossi sul cartoncino…)	Ricalcare figure o lettere Collage Ricalco di oggetti, Frottage (ricalco di: foglie, lettere, …) Attività quotidiane innaffiare, tagliare, servire a tavola, …

Le attività di ritaglio e piegatura di un foglio sono molto importanti perché sostengono, favoriscono, stimolano:
- motricità fine;
- controllo e coordinazione oculo-manuale;
- precisione dei movimenti;
- concentrazione e coordinazione;
- permettono al bambino di focalizzare l'attenzione sull'oggetto.
- arricchimento del vocabolario (nomenclatura) con l'introduzione di nuove parole: bordo; angolo; linea orizzontale, verticale e diagonale; metà, quarto.

Il materiale può essere direttamente fotocopiato e lasciato nell'angolo predisposto: il bambino utilizzerà le copie che predilige.

Introduzione al linguaggio

In un vassoio poniamo tutto il materiale occorrente:
- forbici
- fogli di carta colorata, di diverse misure, per svolgere varie attività (circa cm 10x10)
- fogli bianchi (circa cm 10x10) con bordo colorato, per l'utilizzo libero

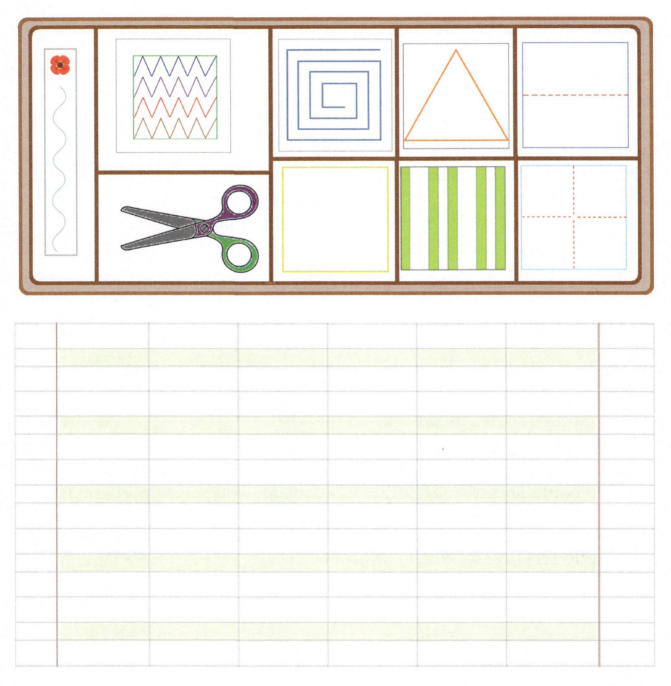

Introduzione al linguaggio

RITAGLIARE

Le attività di ritaglio rinforzano la mano e la capacità di presa delle dita in preparazione alla scrittura,

Importante è che le attività siano stimolanti per il bambino, pertanto, è necessario proporzionare le difficoltà al livello di capacità del bambino. Le attività proposte devono sempre avere una giusta complessità, così da non risultare né troppo semplici né troppo complesse.
Un empio di progressione di attività potrebbe essere, ritaglio di linee:
rette, oblique, curve, spirali, forme geometriche.

Introduzione al linguaggio

PIEGARE un foglio

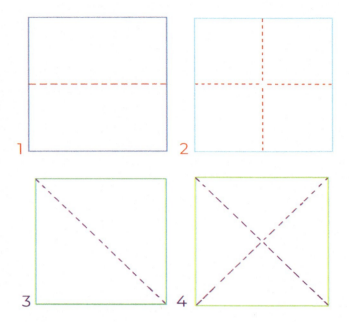

Piegare un foglio aiuta la preparazione alla scrittura perché le linee di piegatura vengono sempre presentate nel senso della scrittura, da sinistra a destra, dall'alto in basso. Inoltre è un'attività che prepara il bambino, indirettamente alla geometria, presentando le linee di divisione, quadrati, rettangoli e triangoli.
Il controllo dell'errore: seguire le linee; coincidenza dei margini.

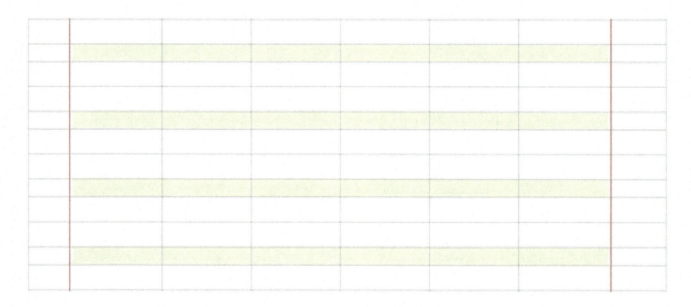

Album Linguaggio 1

Introduzione al linguaggio

1 una linea (mediana) divide il foglio in due rettangoli

Tracciamo con un colore a contrasto, ad es. rosso, una linea da sinistra a destra, al centro del foglio. Invitiamo il bambino a passare le due dita della scrittura (indice e medio) sulla linea tratteggiata.
Prendiamo il foglio e, utilizzando le tre dita della scrittura di entrambe le mani, posizioniamo i medi alle due estremità della linea rossa; con le dita pollice e indice prendiamo i due angoli inferiori del foglio e li facciamo coincidere con quelli superiori; con una mano teniamo ferma una estremità di foglio, con l'altra ripassiamo, con un movimento che va da destra verso sinistra, sulla linea di Piegatura. Invitiamo il bambino a ripetere l'attività.

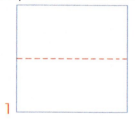

2 due linee (mediane) dividono il foglio in quattro quadrati

Tracciamo con un colore a contrasto, ad es. rosso, due linee perpendicolari tra loro, una da sinistra a destra e l'altra dall'alto in basso.
Pieghiamo la prima volta il foglio, come in precedenza. Poi, con pollice e indice fermiamo la parte destra del foglio e, con l'altra mano, ruotiamo la parte sinistra del foglio, verso destra, così da farla coincidere con la parte ferma.
Invitiamo il bambino a ripetere l'attività.

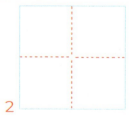

Introduzione al linguaggio

3 una linea diagonale divide il foglio in due triangoli

Tracciamo con un colore a contrasto, ad es. viola, una linea diagonale dall'angolo sinistro alto verso l'angolo destro basso. Invitiamo il bambino a passare le due dita della scrittura (indice e medio) sulla linea tratteggiata.
Pieghiamo, facendo coincidere l'angolo in basso a sinistra con l'angolo destro alto
Invitiamo il bambino a ripetere l'attività.

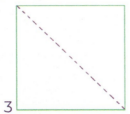

4 due linee diagonali dividono il foglio in quattro triangoli

Tracciamo con un colore a contrasto, ad es. viola, le due diagonali.
Pieghiamo una prima volta come in precedenza. Poi, sovrapponiamo l'angolo in alto a sinistra con l'angolo in basso a destra.
Invitiamo il bambino a ripetere l'attività.

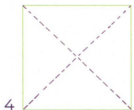

Introduzione al linguaggio

INCASTRI DI FERRO

Descrizione del Materiale

Cornici quadrate ad incastro di 14 cm, in ferro, di colorate giallo;
al centro d'ogni cornice si trova l'*incastro*, sempre in ferro, di colore blu e provvisto, al centro dello stesso, di un bottoncino in ottone.

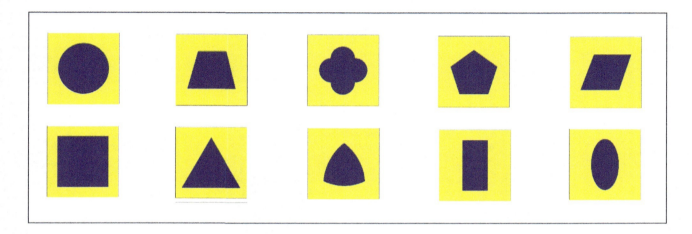

Materiale occorrente

incastri di ferro
cartellina sotto-foglio di cm 15 x 15
foglietti quadrati di 14 cm di lato
3 matite colorate
portamatite

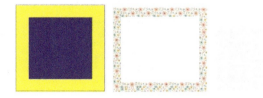 

Album Linguaggio 1

Introduzione al linguaggio

Attività 1

Prendiamo e portiamo sul tavolo:
- cartellina sottofoglio
- foglietto
- figura ad incastro a piacere
- 3 matite di colori contrastanti, che disponiamo nel portamatite (es. verde, rossa, celeste)

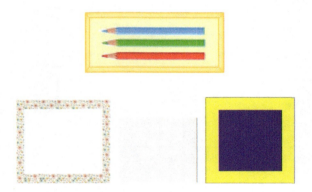

Poggiamo l'incastro blu accanto al portamatite;
mettiamo il foglietto sulla cartellina sottofoglio e la cornice sopra al foglietto.

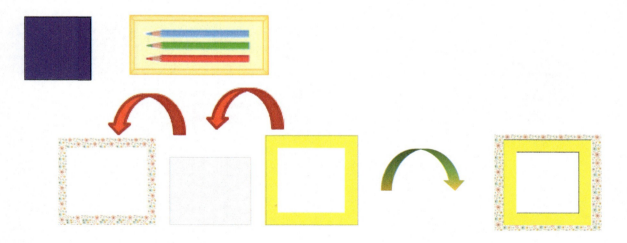

Introduzione al linguaggio

Teniamo ferma la cornice con una mano, e con una matita colorata (es. verde) tracciamo, nel senso della scrittura (da sinistra a destra; dall'alto al basso e comunque in modo continuativo senza sollevare la matita dal foglietto), il contorno interno della cornice. Togliamo la cornice, sul foglietto rimane il disegno della figura geometrica. Prendiamo l'incastro e lo appoggiamo sul contorno della figura.
Con un'altra matita colorata (es. rossa) tracciamo il contorno dell'incastro.
Con l'ultima matita (es. celeste) tracciamo, all'interno di quest'ultima figura, fitte linee verticali, orizzontali, oppure oblique, e parallele (il "tratteggio"), cercando di non uscire dai margini del disegno.

 Possiamo far cominciare l'esercizio con linee orizzontali, così da seguire il senzo della scrittura

```
Il tratteggio parallelo è lo stile più semplice ed efficace,
che viene utilizzato per questa tecnica.
Si tratta di tracciare delle linee parallele, che possono essere
più o meno ravvicinate, e mantenute costanti in tutto il disegno.
Si possono sovrapporre più livelli di tratteggio, andando a
lavorare, quindi, per sovrapposizioni.
```

Il disegno del bambino non va mai corretto, né cancellato.

Non c'è un limite alla quantità di esercizi che ogni bambino può fare.

Introduzione al linguaggio

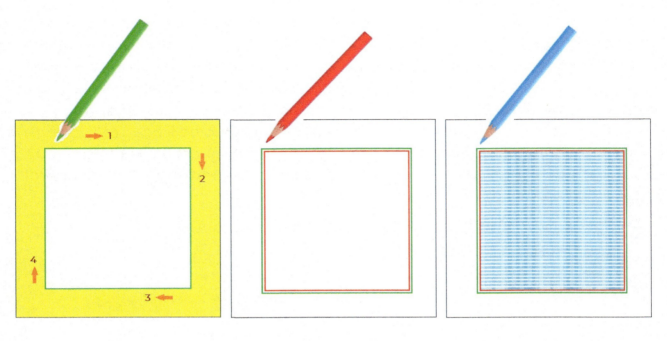

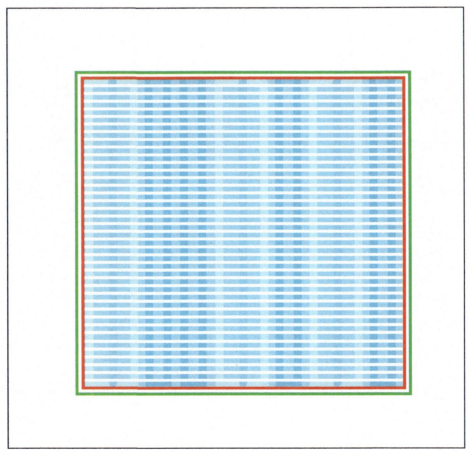

Album Linguaggio 1

Introduzione al linguaggio

Successivamente (attività 2-3-4), il bambino scopre che può sovrapporre e ruotare gli incastri formando nuove figure geometriche e decorazioni originali; mentre, con l'esercizio, perfeziona il suo tratteggio.

In modo progressivo, si aggiungono forme e colori.

Su fogli bianchi di diverse misure si possono combinare tra loro le figure e si possono colorare, creando composizioni libere.

Si colorano diversamente le parti che consentono di differenziare le figure.

Nella Scuola Primaria, a 6 anni ed oltre, il bambino ha necessità di variare l'esercizio e quindi potranno essere offerti:
- fogli colorati
- fogli di misure e forme diverse (triangolari, quadrati, ovali, circolari, etc...)

Introduzione al linguaggio

Attività 2

Album Linguaggio 1

Introduzione al linguaggio

Attività 3

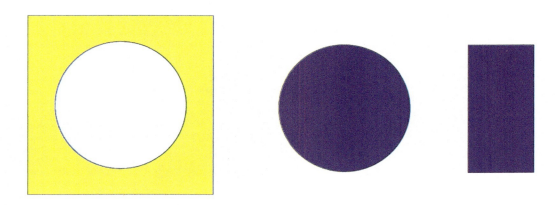

Album Linguaggio 1   42

Introduzione al linguaggio

Attività 4   (su foglio colorato)

Album Linguaggio 1

Introduzione al linguaggio

Scopo Diretto
Acquisire il tratteggio e il giusto movimento della mano

Scopo Indiretto
Educare l'occhio alle forme geometriche

Età
Dai 4 anni, Scuola dell'Infanzia

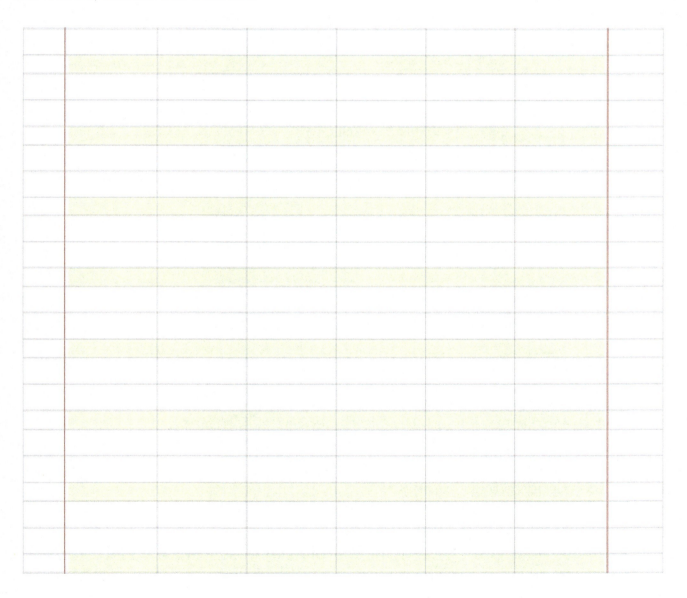

Introduzione al linguaggio

5. Lettere smerigliate

Il bambino, nel momento in cui inizia a frequentare la scuola primaria o, comunque, all'età di 6 anni, può aver raggiunto diversi apprendimenti; non avere conoscenze; potrebbe conoscere solo lo stampato maiuscolo.

È opportuno, allora, per l'insegnante, il genitore, l'educatore o, in generale, chi segue il bambino, realizzare una tabella dove annotare le osservazioni.

BAMBINO	CONOSCENZA SEGNI		ANALISI SUONI	PREPARAZIONE MANO
	in parte	del tutto		
	sì/no (*corsivo*)	sì/no (STAMPATO MAIUSCOLO)	sì/no	sì/no

È conveniente avere materiale adatto alle esigenze del bambino.
Se il lavoro è svolto in classe è opportuno che, l'adulto, abbia materiale adatto alle esigenze di ciascuno, ossia materiale occorrente per:
- conoscere le lettere dell'alfabeto;
- aiuto all'analisi dei suoni;
- perfezionare la manualità fine.

Ma anche materiale adatto ai bambini che già sanno scrivere e vanno verso il perfezionamento delle loro abilità: il materiale adatto per questa necessità viene illustrato più avanti (perfezionamenti successivi all'Esplosione della scrittura).

Descrizione del Materiale

Contenitore con 26 tavolette di legno su cui sono incollate le lettere in carta smerigliata. Lo sfondo è di colore rosso per le vocali, blu per le consonanti grandi e piccole (col bambino si può lavorare sia con le lettere in corsivo che in stampato maiuscolo, secondo il percorso di apprendimento che si intende seguire).

Introduzione al linguaggio

Materiale Occorrente
Contenitore con le lettere smerigliate

I TEMPO – associazione della percezione sensoriale al nome

Portiamo sul piano di lavoro, che deve essere sgombro da ogni oggetto, il contenitore in cui ci sono le lettere smerigliate.

Scegliamo tre lettere (una vocale e due consonanti) che si contrappongono per suono e forma (es., *f* - *t* - *a* / F - T - A) e le poggiamo sul piano.

Isoliamo la prima lettera, la teniamo con la mano sinistra e la tocchiamo con le due dita (indice e medio uniti) nel senso della scrittura (da sinistra verso destra) scorrendo sulla parte smerigliata.

Poco prima di arrivare alla fine della lettera pronuncia il suono

"F" (non "effe")

Poi, invitiamo il bambino a fare lo stesso.

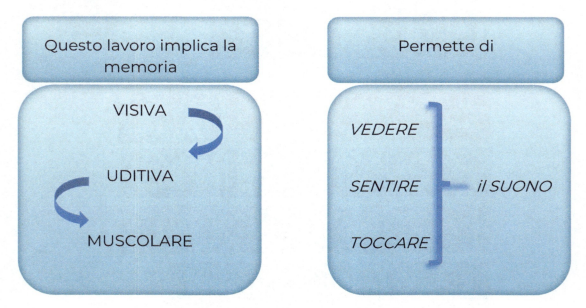

Infine, si presentano le altre lettere

Introduzione al linguaggio

II TEMPO – riconoscimento dell'oggetto corrispondente al nome

Controlliamo che il bambino abbia associato correttamente ogni suono alla lettera corrispondente, chiedendogli, (dopo aver mescolato le lettere precedentemente presentate) di indicare ad es. la lettera "A", di tracciarla con le dita e pronunciare il suono. Questo esercizio viene poi ripetuto per le altre lettere.

III TEMPO – ricordo/verifica

Verifichiamo che il bambino abbia raggiunto la corretta pronuncia dei suoni, chiediamo, indicando una lettera:

"questa che lettera è?"

Se pronuncia il suono corretto proseguiamo con la verifica delle lettere successive; se sbaglia, riprendiamo l'esercizio in un momento successivo.

Introduzione al linguaggio

Alcune lettere richiedono maggiore cura, prudenza e attenzione

H
si tocca e, quasi alla fine del tocco, si pronuncia il suo nome (acca)
Nella lingua italiana, in quanto è una lettera muta, non ha un suono

Q
si dice che è sempre in compagnia della letterina "U"

C - G
si fa notare che entrambe hanno due suoni:
dolce "ci" - "gi"
duro "c" - "g"

isoliamo la lettera la "C" e pronunciamo il nome "cicala";
isoliamo, di nuovo, "C" e pronunciamo il nome "carro".

Stesso procedimento si ripete per la "G":
- "gelato"
- "gatto"

E - O
si fa notare che hanno due suoni:

E aperta (pèsca) - chiusa (pénna)

O aperta (còro) - chiusa (órso)

S - Z
si fa notare che hanno due suoni:

S aspro (sale) - dolce (viso)

Z aspro (zia) - dolce (zanzara).

Introduzione al linguaggio

ALTRE ATTIVITÀ

1 Il bambino prende una lettera e deve indovinare una parola che inizia con quella lettera; oppure, prendiamo dal contenitore una lettera smerigliata, la mostriamo al bambino, e chiediamo di trovare una parola che cominci con quella lettera.
Il gioco continua fino a quando i bambini mostrano interesse per l'attività.

2 In classe distribuiamo, ad ogni bambino, una lettera smerigliata, poi pronunciamo una parola (es. "oca"). I bambini che hanno le lettere O – C – A si devono alzare, in ordine. Dobbiamo avere l'accortezza di dire parole che non abbiano nessuna lettera ripetuta.

3 *Frottage* con le lettere smerigliate
Descrizione del materiale
Contenitore con le lettere smerigliate, portamatita con una matita colorata e un foglietto.
Presentazione
Invitiamo il bambino a prendere un foglietto, il portamatite contenente una matita colorata e il contenitore delle lettere smerigliate e si porta tutto sul tavolo. Poggiamo il materiale al centro del tavolo, tra noi e il bambino.
Prendiamo, dal contenitore, una lettera smerigliata, la tocchiamo e pronunciamo il suono; poi vi poniamo, sopra, il foglietto e con la matita cominciamo a colorare.
Il bambino vedrà comparire sul foglietto la lettera che, precedentemente, abbiamo pronunciato. Si invita il bambino a continuare il lavoro, con altre lettere.

4 Scrivere le lettere sulla schiena di un compagno.

5 Toccare le lettere bendati e riconoscerle.

Introduzione al linguaggio

6 Associare la lettera con oggetti il cui nome inizia con la lettera indicata

Descrizione del materiale

Contenitore con le lettere smerigliate, cestino contenente alcuni oggetti (il cestino lo prepariamo prima dell'attività, e deve contenere degli oggetti che cominciano con lettere differenti).

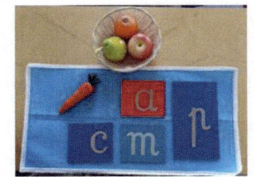

Presentazione

Scegliamo una lettera smerigliata e la poggiamo sul tavolo; chiediamo, al bambino, di toccarla e di pronunciarne il suono. Prendiamo un oggetto dal cestino e ne pronuncia il nome scandendo con chiarezza i suoni; chiediamo, al bambino, se la lettera scelta è presente nel nome dell'oggetto. Continuiamo l'esercizio con gli altri oggetti.

7 Colorare la lettera vuota sul foglio prestampato.

8 Ripassare la lettera vuota con la matita colorata.

9 Il bambino sceglie una lettere, o la scegliamo noi e, nell'ambiente in cui si trova, deve osservare, cercare e trovare oggetti il cui nome inizia con quella lettera scelta.

Scopo diretto

Conoscenza dei segni dell'alfabeto grafico

Scopo indiretto

Preparazione alla scrittura; perfezionamento della motricità fine

Età

Scuola Infanzia - inizio dei lavori 4-5 anni;
Scuola Primaria - cl I

Introduzione al linguaggio

6. Analisi dei suoni

Materiale
Lettere smerigliate
Alfabetario grande
Cartelline parole facili
Figurine e piccoli oggetti

In questo lavoro, pronunciamo una parola scandendo lentamente i suoni delle singole lettere; il suono delle singole lettere deve essere il più possibile "puro".

Per analizzare i suoni che compongono le parole si possono proporre numerosissimi giochi. Alcuni giochi sono centrati solo sul suono di ciascuna lettera, altri sul suono abbinato al simbolo grafico.

Nota
Pronunciamo il suono puro della lettera, ad es. "ssss", e non il suo nome "esse"

Introduzione al linguaggio

ALCUNE ATTIVITÀ

LETTERE INIZIALI

"CACCIA AL NOME"

Mostriamo una lettera smerigliata: solo i bambini, il cui nome (o cognome) inizia con quella lettera, si avvicinano all'adulto.

"APPAIAMENTO DI OGGETTI O IMMAGINI ALLA LETTERA"

Descrizione del Materiale

Lettere Smerigliate, sacchetto o cestino con piccoli oggetti (animali, piccoli oggetti di arredamento, frutta finta, ortaggi, ecc...) oppure sacchetto con immagini.

Presentazione

Mettiamo, sul tavolo, alcune lettere e alcuni oggetti, poi chiediamo, al bambino, di cercare l'oggetto il cui nome inizia con la lettera indicata.
ad es. prendiamo la lettera **C** e chiediamo

"C'è un oggetto il cui nome inizia con C?"

Nel cercare l'oggetto che inizia con quella lettera, il bambino dovrà analizzare tutte le parole.

Questa attività può essere fatta con oggetti di cancelleria, piccoli animali o altri oggetti presenti: cambiare gli oggetti stimolerà ulteriormente il bambino che avrà la sensazione di fare giochi diversi.

Il gioco può essere fatto anche con delle immagini preparate appositamente e poste in un sacchetto: il bambino sceglie una lettera smerigliata e deve trovare le figure che hanno il nome che inizia con quella lettera.

Introduzione al linguaggio

"GIRA-GIRA"

Il bambino gira con una lettera in mano e prosegue finché non trova un oggetto che inizia con quella lettera; mentre 'gira' analizza tutti i nomi degli oggetti che vede per trovare quello utile.

"SCEGLI L'OGGETTO"

Materiale
Selezioniamo una decina di oggetti avendo cura che il nome di ognuno di essi inizi con una lettera diversa (ad es. gomitolo di Lana, Rana, Arancia, Temperino, etc.) e li poggiamo sul tavolo, o dentro un cesto, a un lato; al lato opposto, predisponiamo le lettere smerigliate.

Presentazione
Invitiamo il bambino a scegliere un oggetto tra quelli selezionati; chiediamo:

"Quale oggetto hai scelto?"
"Con quale lettera inizia?"

Se il bambino ha scelto la rana, risponde: "La rana; inizia per R"
A questo punto lo invitiamo a cercare la lettera "R" tra le lettere smerigliate. Quando prende la lettera, rinforziamo il suono ripetendo:

"Rana, inizia con la lettera R"

poi sollecitiamo il bambino a ripetere.
Svolto l'esercizio, l'oggetto e la lettera corrispondente vengono poggiati uno accanto all'altro. Si prosegue con il lavoro fino a scegliere tutti gli oggetti, oppure, fino a quando vuole il bambino.

"È ARRIVATO UN BASTIMENTO CARICO, CARICO DI…"

Comunichiamo:

"C'è un bastimento carico di…"

nomina una lettera riproducendo un suono "puro", ad esempio "S"
invitiamo il bambino a trovare tante parole che inizino con la lettera "S".
Il bambino indica tante parole.
Insieme, ogni volta, controlliamo se c'è il suono richiesto, compiendo un'accurata analisi dei suoni.

"COSTRUIRE LA LETTERA INIZIALE DEL PROPRIO NOME"

Consegniamo al bambino un foglio con la lettera prestampata.
L'esercizio consiste nel riempirla con le lettere, ritagliate da giornali e riviste
(il modello è il libro "Alfabetiere" di Bruno Munari, Corraini editore)

Introduzione al linguaggio

LETTERE INTERMEDIE

I giochi proposti possono essere utilizzati anche con le lettere intermedie.
Ne possiamo proporre altri:

"PESCA"

- Il bambino ha una lettera smerigliata (es. "D"); da un sacchetto pesca una alla volta delle figurine (tipo memory o simili).
  Se la sua lettera è contenuta nel nome della figura che pesca (dado, casa, pasta) la può tenere, altrimenti la mette da parte.
- Con la lettera in mano, il bambino gira per l'ambiente e tocca gli oggetti che hanno quella lettera nel nome
- Chi ha nel suo nome la lettera mostrata … compie un'azione!
  (va in fila, viene qui, batte le mani, …)

"CONTARE LE LETTERE"

Ora, si può proporre di analizzare l'intera parola (facile)
Ad esempio MARE

c'è "M"?
c'è "A"?
c'è "R"?
c'è "E"?

Si possono contare i suoni presenti nelle parole.

"Quante lettere ci sono in Sedia"?
"E in Mano"?

"GIOCHI DI COMPOSIZIONE"

- Distribuiamo le lettere ai bambini; pronunciamo una parola (es. MURO). Vengono i bambini che hanno le quattro lettere necessarie e si mettono in ordine per formare la parola.
- Poniamo sul tavolo diverse lettere; chiediamo al bambino di prendere quelle che formano la parola "MURO"

Se a questo punto il bambino sa analizzare i suoni e conosce le lettere, ma la sua mano non è ancora pronta, si può proporre l'Alfabetario Grande, che permette di progredire nella conoscenza dei simboli e dei suoni.

Introduzione al linguaggio

Alfabetario grande

"... le consonanti sono tutte blu e le vocali rosse; le lettere sono libere, cioè non ingommate su cartoncini o altro, per cui ognuna di essa rappresenta un oggetto maneggiabile; nel fondo di ogni casella è fissata una lettera che non si può togliere: non si fa, dunque, fatica di sorta "a mettere a posto" le lettere nel casellario, perché le richiama la lettera del fondo..."
(M. Montessori, La scoperta del bambino)

Ora, il bambino, ha conquistato la conoscenza delle lettere e dei suoni; ma, se la mano, ancora, non è pronta per scrivere, è funzionale presentare questo materiale. Utilizzando l'Alfabetario, il bambino, perfeziona la conoscenza delle lettere (in particolare, il verso dei simboli grafici) e l'analisi dei suoni.
L'Alfabetario precisa e rende materiale (materializza) il linguaggio parlato, traduce in segni la parola.

Descrizione

Scatola di legno divisa in vari scomparti contenenti 21 lettere (le consonanti, come per le lettere smerigliate, sono di colore blu; le vocali sono rosse), più quattro segni di interpunzione. In ogni scomparto c'è il disegno della lettera che è contenuta, per assicurarne un uso corretto. Il Materiale è in plastica resistente, liscio sulla parte superiore e ruvido su quella inferiore.

Introduzione al linguaggio

Prima ancora di presentarlo il bambino può entrare in contatto con il materiale in due modi, sia con la pulizia sia con il riordino: ai bambini piace molto!

- ✓ Chiediamo di tirare fuori tutte lettere e di pulirle (anche il contenitore) con un pennellino o con un panno. Questo esercizio permette di disporre le lettere proprio nel verso giusto.
- ✓ Possiamo svolgere questo lavoro insieme al bambino.
  Dopo aver messo in disordine le lettere, diciamo: "ma che disordine! Ho bisogno di aiuto per mettere a posto. Mi vuoi aiutare"?
  Attraverso questo esercizio si ricercano le lettere e ciò favorisce il loro riconoscimento. A questo punto, possiamo anche lasciare lavorare il bambino da solo.

Presentazione

Prendiamo e posizioniamo la scatola (dell'Alfabetario grande) sul piano di lavoro.
Ci sediamo a destra del bambino (se mancino, alla sua sinistra); pronunciamo una parola che il bambino conosce bene e scandiamo bene i suoni che la compongono (es. MARE); prendiamo, una per volta, le lettere, M – A – R – E, e le affianchiamo in modo da comporre la parola.
Proseguiamo, pronunciando un'altra parola, sempre conosciuta al bambino, e gli chiediamo di comporla. Dopo aver eseguito l'analisi dei suoni, lo aiutiamo in questa prima composizione. Il bambino, secondo il suo interesse, compone altre parole. A fine lavoro, insieme al bambino, sovrapponendo tutte le lettere uguali, rimettiamo a posto.

Introduzione al linguaggio

ALTRE ATTIVITÀ

Dopo aver lavorato molto con questo Materiale, il bambino, può proseguire con il materiale delle *"Cartelline delle Parole Facili"* che non contengono particolarità ortografiche

Cartelline delle parole facili

Descrizione

La cartellina contiene 5 o 6 cartoncini con immagini di oggetti, animali, frutta, ..., il cui nome sia facile e breve: es. luna, sole, mano, rana, lupo, mare ...
Realizziamo diverse cartelline: alcune possono contenere parole facili, ma più lunghe, es. tavolo, porta, telefono ...
Prepariamo, inoltre, per il lavoro di appaiamento, i cartellini con i nomi delle immagini e, per l'autocontrollo scriviamo la parola anche dietro i cartoncini con le figure.

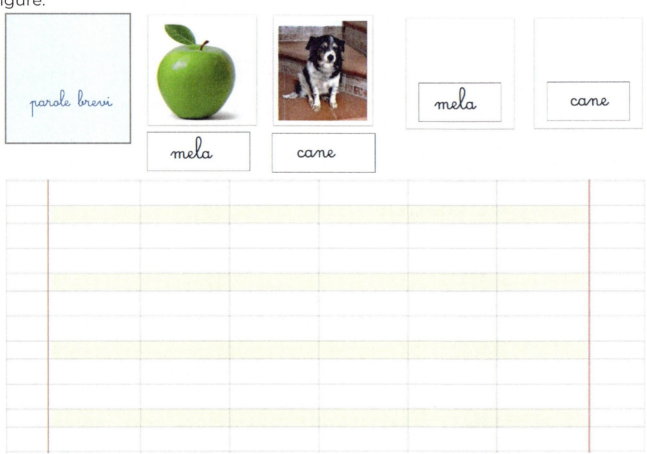

Album Linguaggio 1

Presentazione
Prendiamo un cartoncino (es. quello in cui è raffigurato il cane), e scandiamo bene i suoni della parola che compongono l'immagine; lo poggiamo sul piano di lavoro; abbiniamo, all'immagine, il biglietto, e lo poniamo al di sotto di essa; infine, accanto all'immagine, componiamo la parola con l'Alfabetiere grande.

Proponiamo, al bambino, questo lavoro dopo che ha lavorato con le lettere smerigliate e con l'analisi dei suoni.

Scopo diretto
Formare le prime parole mettendo le lettere nella giusta direzione
(le lettere sono mobili non più fisse, quindi la direzione va scelta dal bambino).
Analisi dei suoni presenti nella parola.

Scopo indiretto
La scrittura

Età
Dai 5 anni

NOTA
Questi esercizi devono essere gratificanti, e non devono provocare, nel bambino, il timore dell'errore

BIBLIOGRAFIA

Appunti, Album e Materiale personale creato durante il "Corso di differenziazione didattica Montessori per insegnanti di scuola primaria" 2017-2019, presso Opera Nazionale Montessori, Roma

Maria Montessori, *L'autoeducazione*, Garzanti, 2016;
Maria Montessori, *La scoperta del bambino*, Garzanti, 2016;
Maria Montessori, *La mente del bambino*, Garzanti, 2016;
Maria Montessori, *Come educare il potenziale umano*, Garzanti, 2016;
Maria Montessori, *Psicogrammatica*, Franco Angeli, 2017;
Maria Montessori, *Educazione per un mondo nuovo*, Garzanti, 2018;
Maria Montessori, *Il bambino in famiglia*, Garzanti, 2018;
Maria Montessori, *Il segreto dell'infanzia*, Garzanti, 2018;
Maria Montessori, *Dall'infanzia all'adolescenza*, Franco Angeli, 2019;

R. Regni, Leonardo Fogassi, *Maria Montessori e le neuroscienze*, Fefè Editore, 2019.

Introduzione al linguaggio

Introduzione al linguaggio

Esercizi

Introduzione al linguaggio

 **RITAGLIO**

1 Tagliamo lungo la linea tratteggiata, in modo da formare tante strisce che mettiamo nel vassoio, a disposizione del bambino.
Il bambino, poi, taglia sul percorso fino ad arrivare all'oggetto.

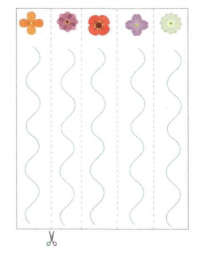 

2 Ritaglia lungo le linee delle spirali.

3 Ritaglia le linee colorate orizzontali e verticali; linee doppie, linee fine; linee più distanziate, linee meni distanziate.

4 Ritaglia le linee oblique, verso destra e verso sinistra, linee più distanziate e linee meno distanziate.

5 Ritaglia le linee geometriche.
Puoi colorare secondo la tecnica che conosci.

Introduzione al linguaggio

Album Linguaggio 1

Introduzione al linguaggio

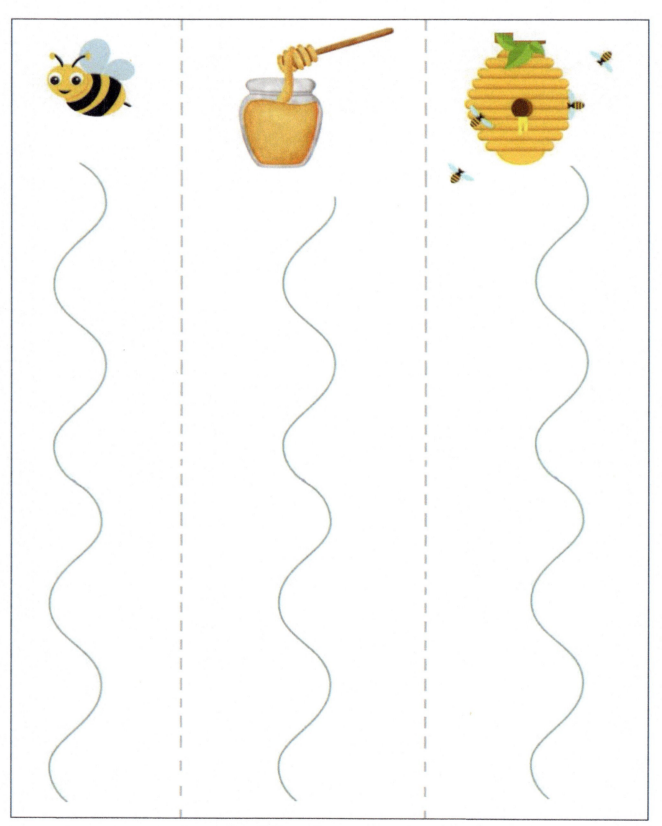

Introduzione al linguaggio

Album Linguaggio 1

Introduzione al linguaggio

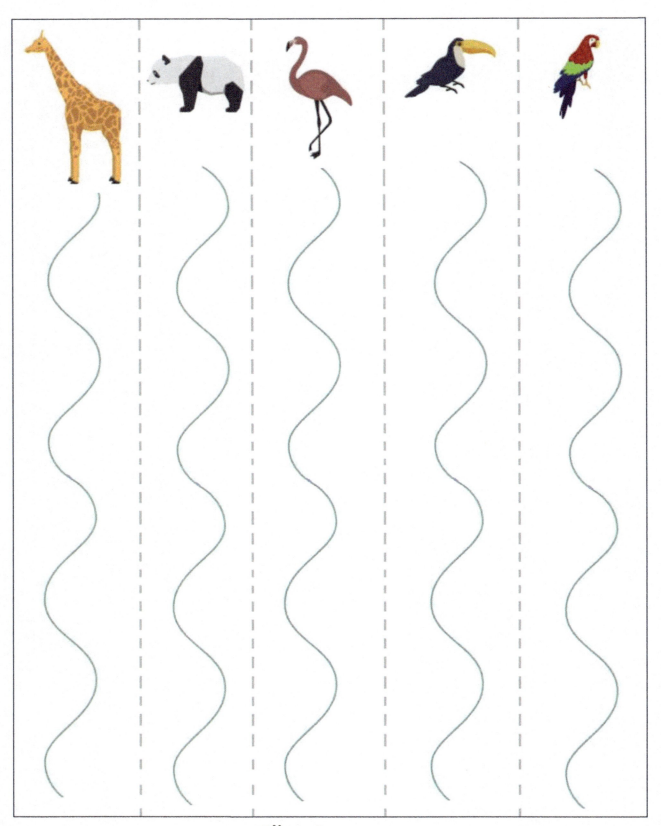

Album Linguaggio 1

Introduzione al linguaggio

Album Linguaggio 1

Introduzione al linguaggio

2

Album Linguaggio 1

3

Introduzione al linguaggio

4

Album Linguaggio 1

5

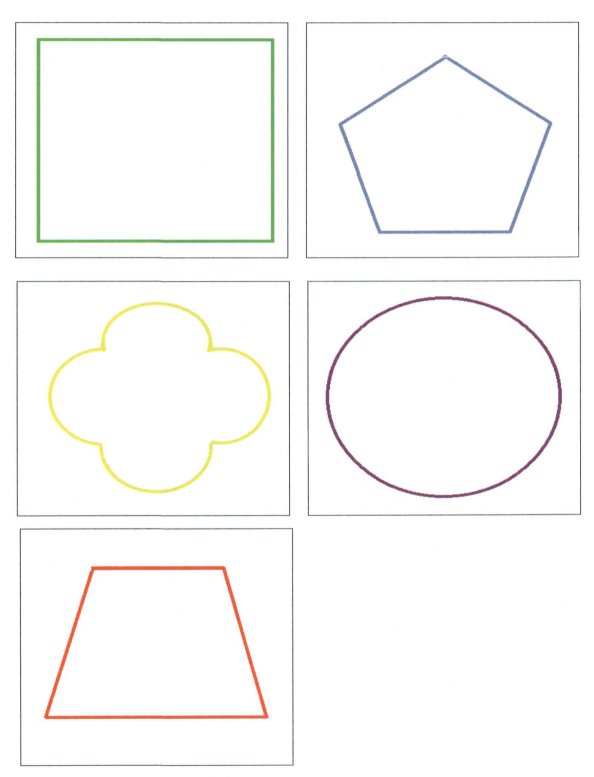

Introduzione al linguaggio

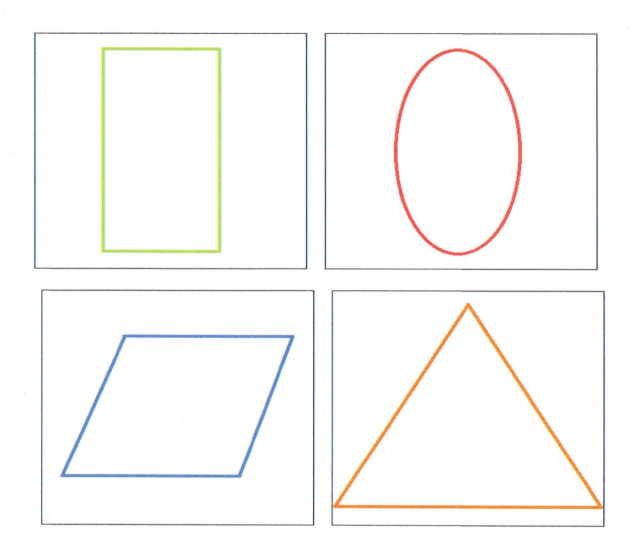

Album Linguaggio 1

Introduzione al linguaggio

 PIEGARE (un foglio)

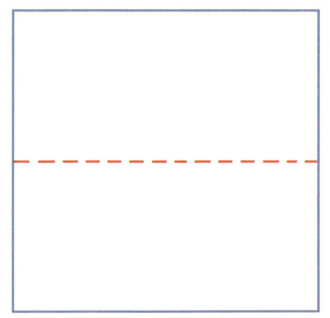
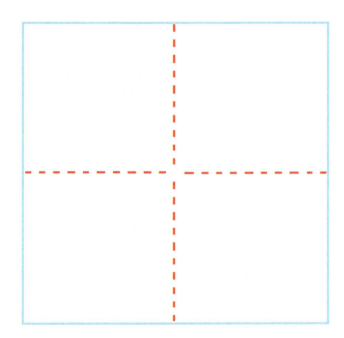
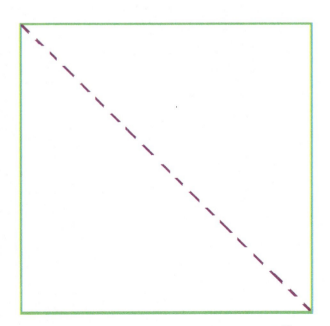
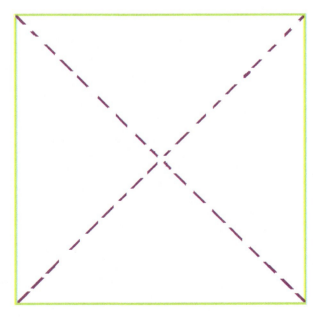

Introduzione al linguaggio

 ## PREPARAZIONE DELLA MANO. INCASTRI DI FERRO

Questa parte di esercizi contiene esempi di attività che il bambino può svolgere: è lui che, stimolato dal materiale, disegna e colora.

il materiale prodotto, può essere inserito in bustine trasparenti, ad anelli, e lasciato nell'angolo predisposto cosicché il bambino possa prenderlo, osservarlo e riprodurlo.

Tutti i lavori possono essere inseriti in un quadernetto ad anelli.

Introduzione al linguaggio

INDICE ESERCIZI

1 Ripassa, con la matita colorata, sulle linee curve
Colora gli spazi tra le linee curve

2 Ripassa, con la matita colorata, sulle linee oblique
Colora gli spazi tra le linee oblique

3 Ripassa, con la matita colorata, sulle linee rette
Colora gli spazi tra le linee rette

4 Lavora con tutte le forme geometriche e colora l'interno

5 Lavora con tutte le forme geometriche e colore l'interno con la tecnica del colore sfumato

6 Lavora con una forma, ruotata più volte (2 volte – 3 volte)
Colora con una tecnica che hai già utilizzato nei lavori precedenti
(colore pieno, tratteggio, colore sfumato)

7 Lavora con Più forme sovrapposte e ruotate
Colora con una tecnica che hai già utilizzato nei lavori precedenti
(colore pieno, tratteggio, colore sfumato)

Fogli 10x10 stampabili bianchi

Fogli stampabili con bordo colorato

Introduzione al linguaggio

1

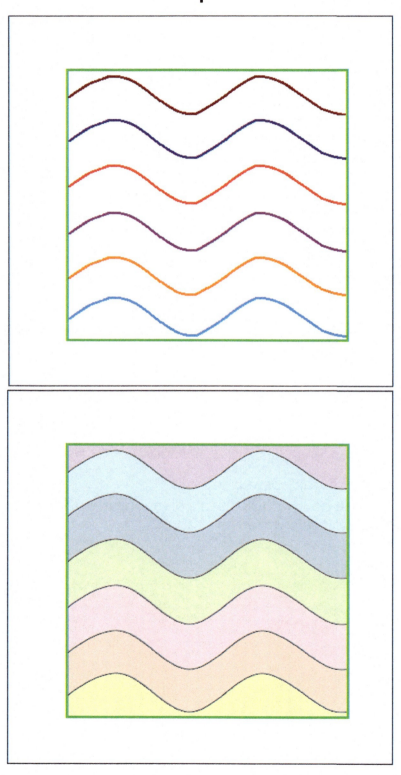

Album Linguaggio 1

Introduzione al linguaggio

2

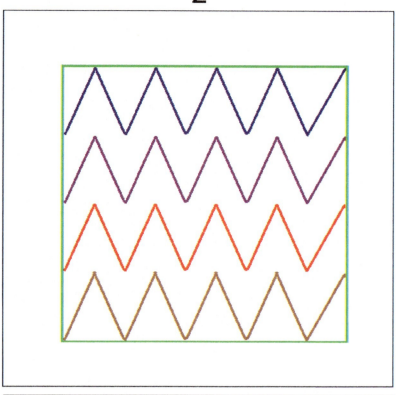

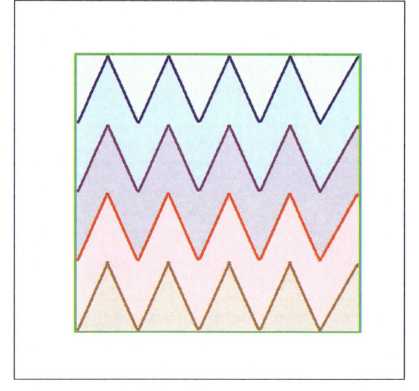

Album Linguaggio 1

3

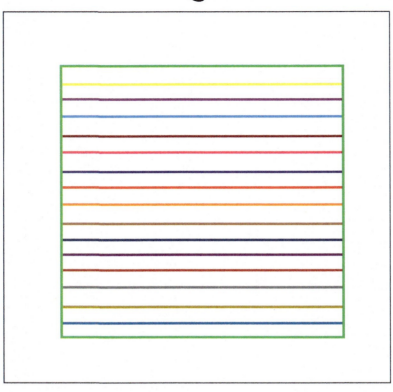

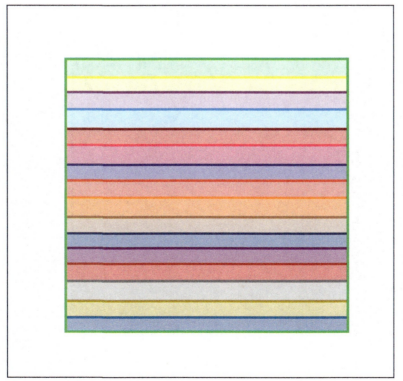

4

Introduzione al linguaggio

5

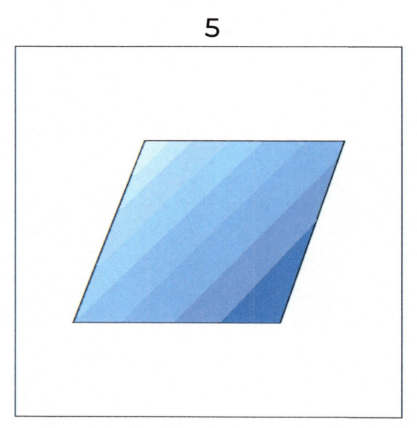

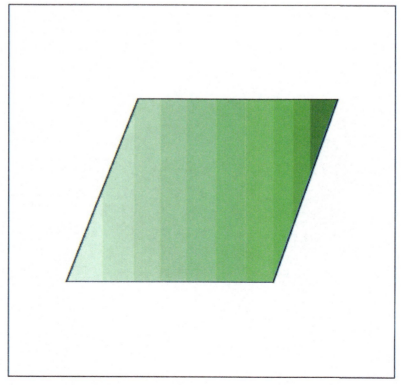

6

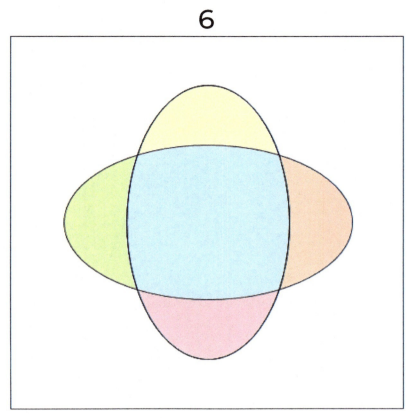

7

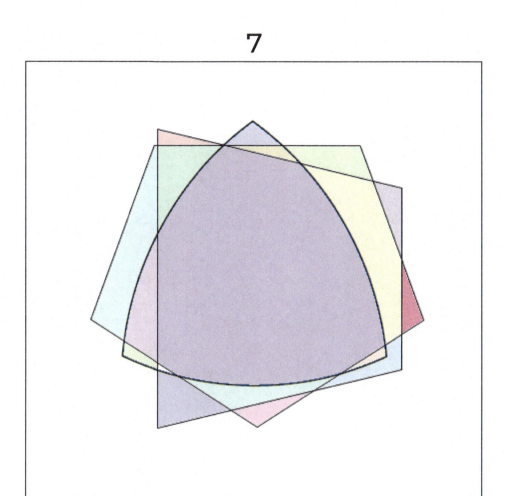

(Ruotando queste 3 figure)

Introduzione al linguaggio

Fogli 10x10 stampabili bianchi
Fogli stampabili con bordo colorato

Introduzione al linguaggio

Album Linguaggio 1

Introduzione al linguaggio

Materiale

Introduzione al linguaggio

Il Materiale è composto da

Lettere in Corsivo e in Stampato

LETTERE SMERIGLIATE

 da stampare in cartoncino e ritagliare

(la carta smerigliata va incollato sulla parte bianca della lettera)

LETTERE MOBILI grandi

 da stampare in cartoncino e ritagliare

Introduzione al linguaggio

 ## PAROLE FACILI

Materiali per lavorare con
- ✓ Lettere Smerigliate
- ✓ Alfabetario grande
- ✓ Cartelline delle parole facili (bisillabe e trisillabe senza particolarità ortografiche)

➤ immagini con cui il bambino può iniziare a lavorare

  cm 10x10

➤ biglietti con la parola scritta i corsivo e in stampato maiuscolo

cm 2,5x10

➤ biglietti più piccoli da incollare sul retro dell'immagine

cm 2,5x8

Introduzione al linguaggio

 PREPARAZIONE DELLA MANO. INCASTRI DI FERRO

✛ da stampare in cartoncino e ritagliare

Introduzione al linguaggio

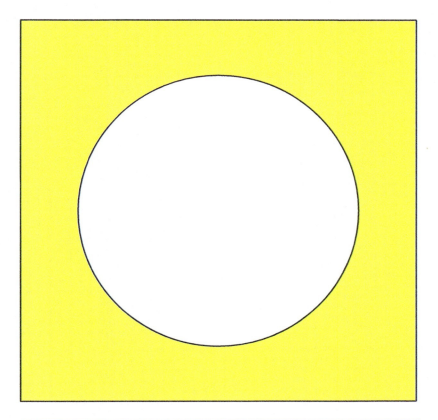

Introduzione al linguaggio

Album Linguaggio 1

Introduzione al linguaggio

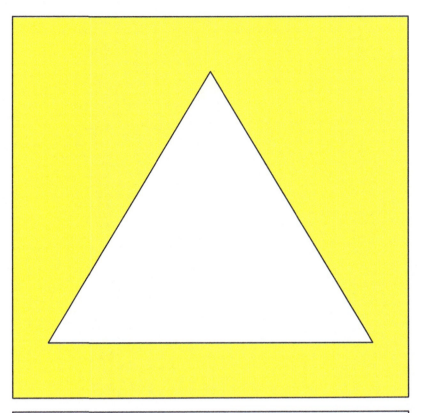

Introduzione al linguaggio

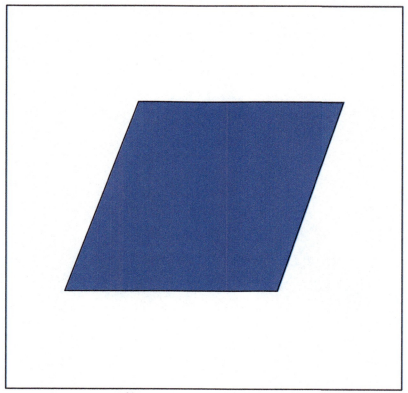

Album Linguaggio 1

Introduzione al linguaggio

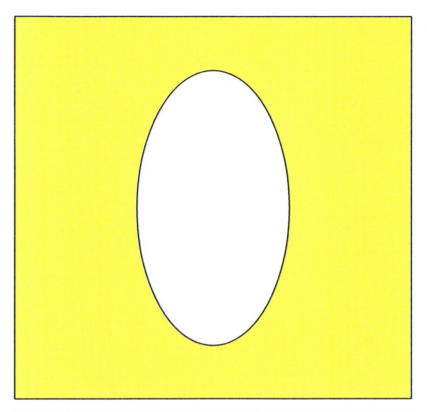

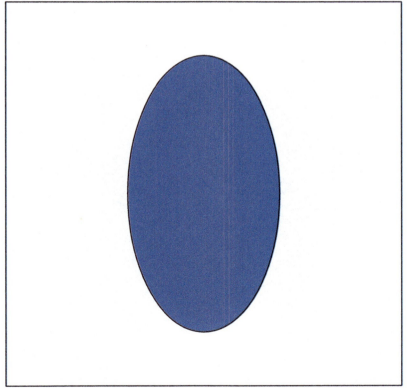

Album Linguaggio 1

Introduzione al linguaggio

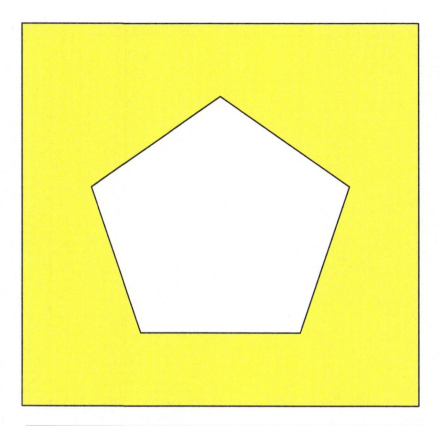

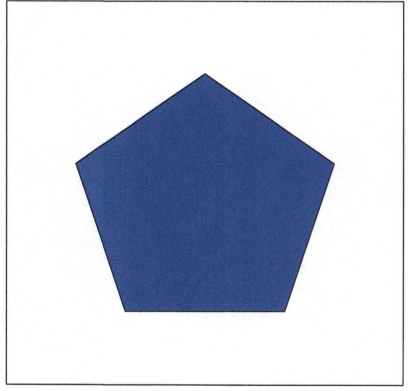

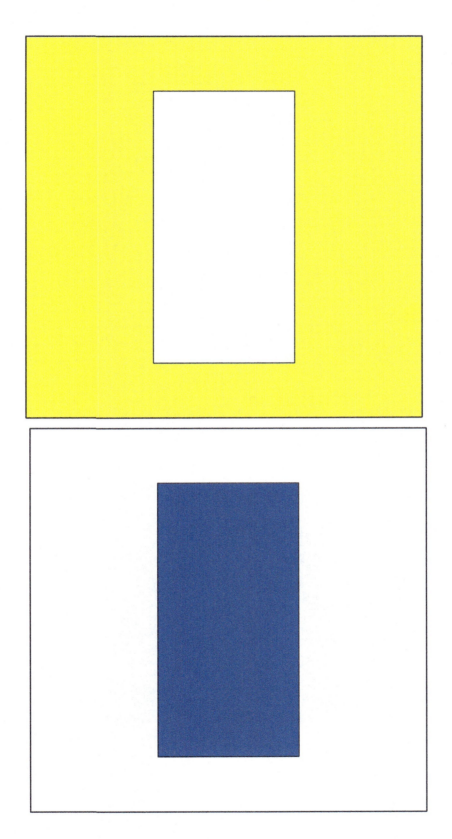

Introduzione al linguaggio

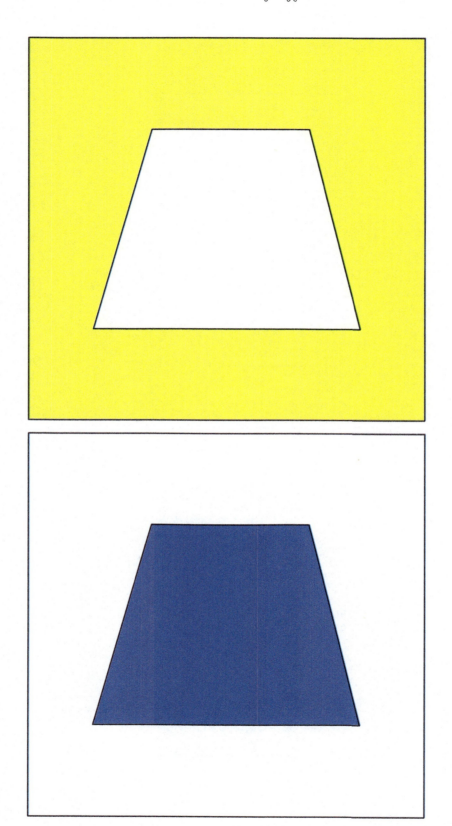

Album Linguaggio 1 97

Introduzione al linguaggio

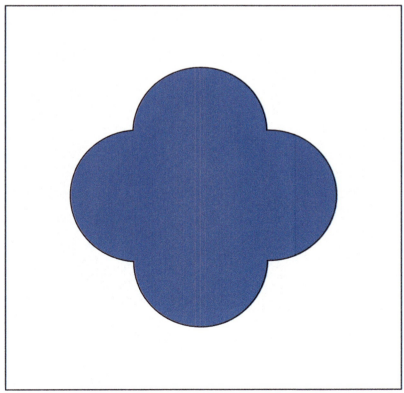

Album Linguaggio 1

Introduzione al linguaggio

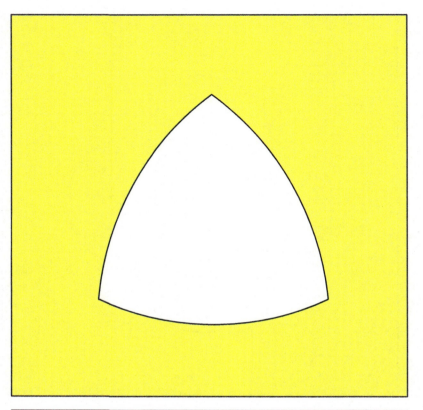

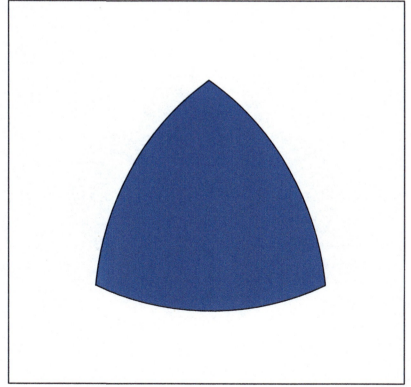

Album Linguaggio 1

Introduzione al linguaggio

Introduzione al linguaggio

Introduzione al linguaggio

Album Linguaggio 1

Introduzione al linguaggio

Album Linguaggio 1

Introduzione al linguaggio

Album Linguaggio 1

Introduzione al linguaggio

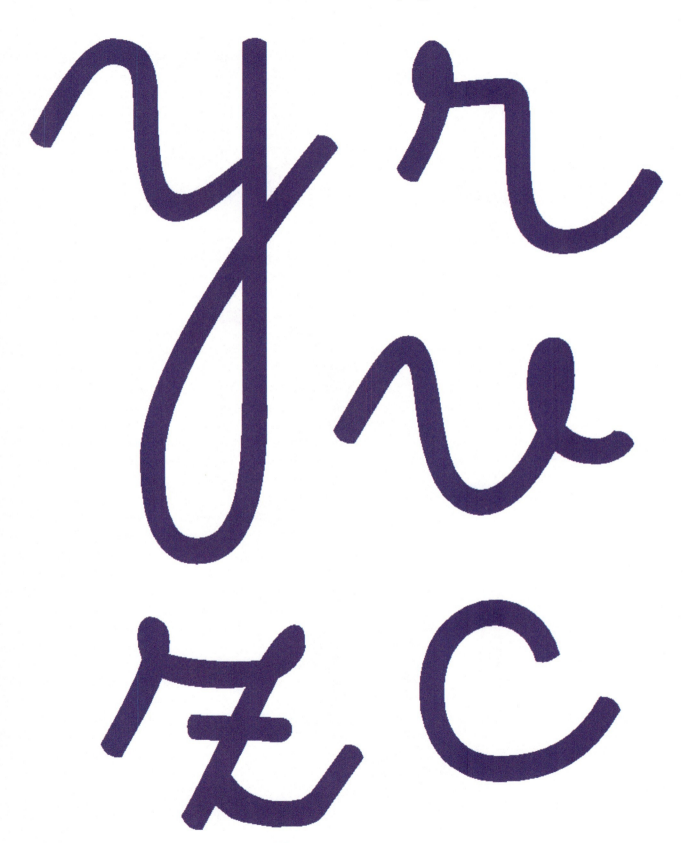

Album Linguaggio 1

Introduzione al linguaggio

Album Linguaggio 1

Introduzione al linguaggio

Album Linguaggio 1

Introduzione al linguaggio

Y P
G H
D F

Album Linguaggio 1

Introduzione al linguaggio

J K
M L
M L

Album Linguaggio 1

Introduzione al linguaggio

Z X
C V
B N

Album Linguaggio 1

Introduzione al linguaggio

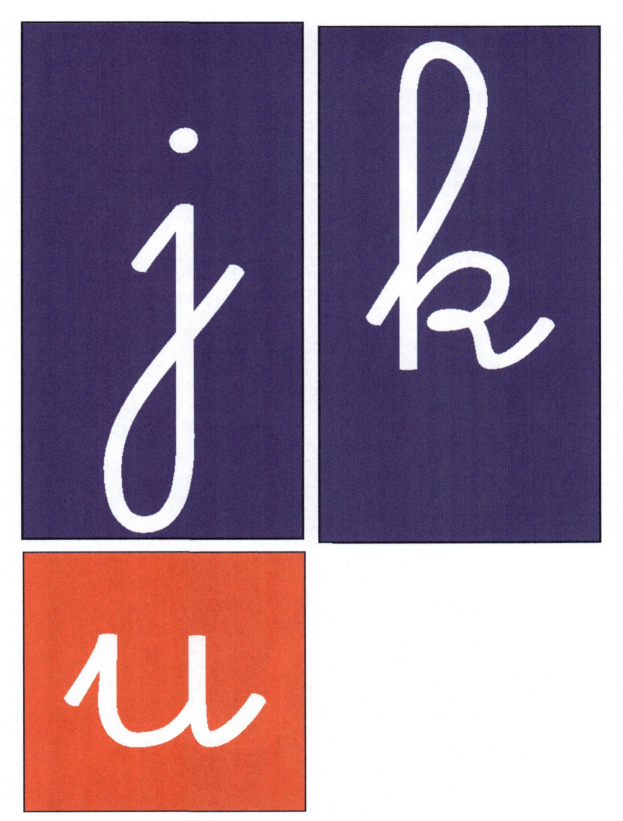

Album Linguaggio 1

Introduzione al linguaggio

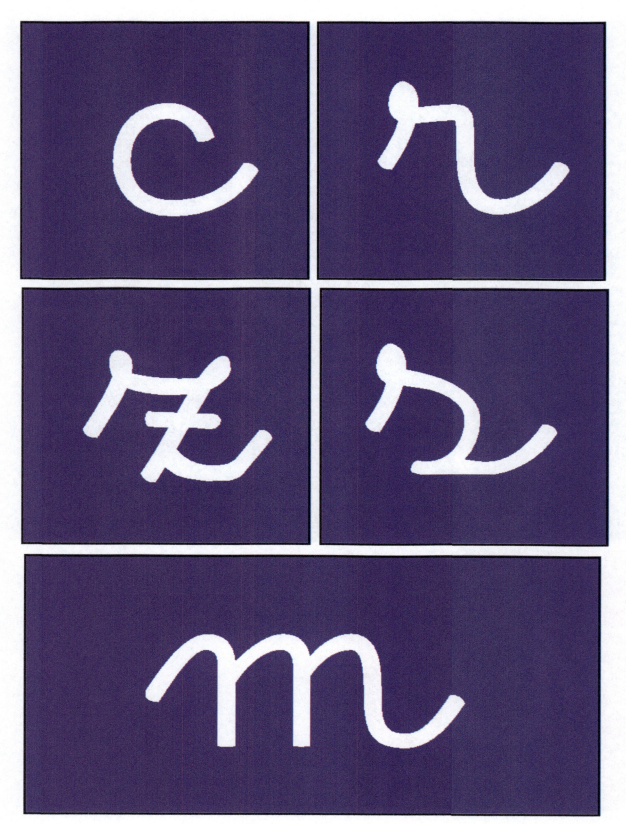

Album Linguaggio 1   113

Introduzione al linguaggio

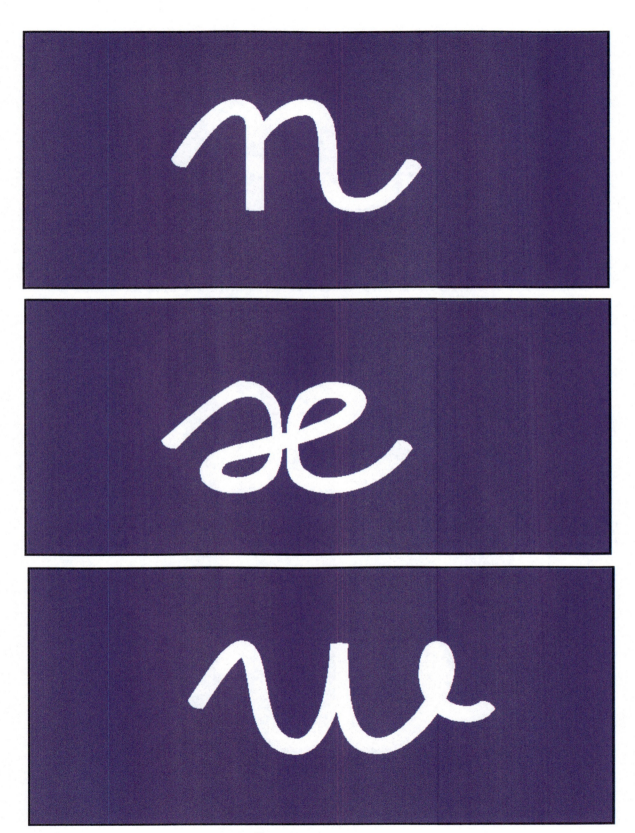

Album Linguaggio 1

Introduzione al linguaggio

Introduzione al linguaggio

Album Linguaggio 1

Introduzione al linguaggio

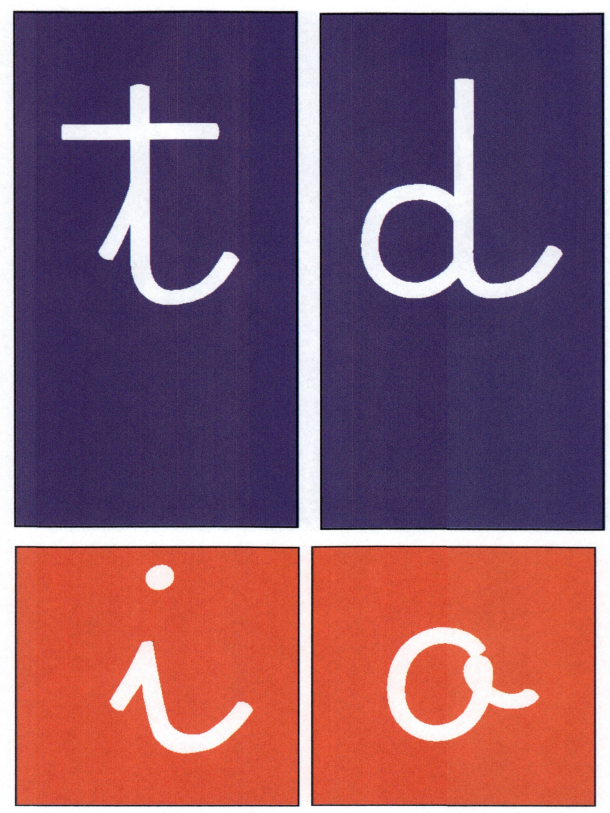

Album Linguaggio 1

Introduzione al linguaggio

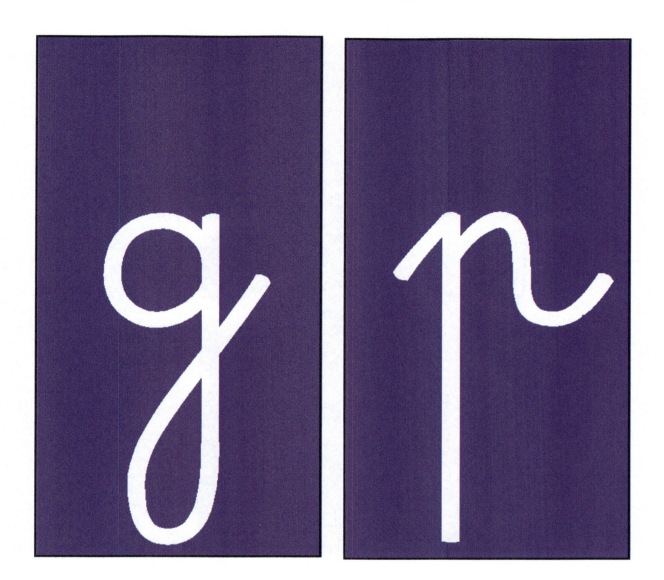

Album Linguaggio 1

Introduzione al linguaggio

Album Linguaggio 1

Introduzione al linguaggio

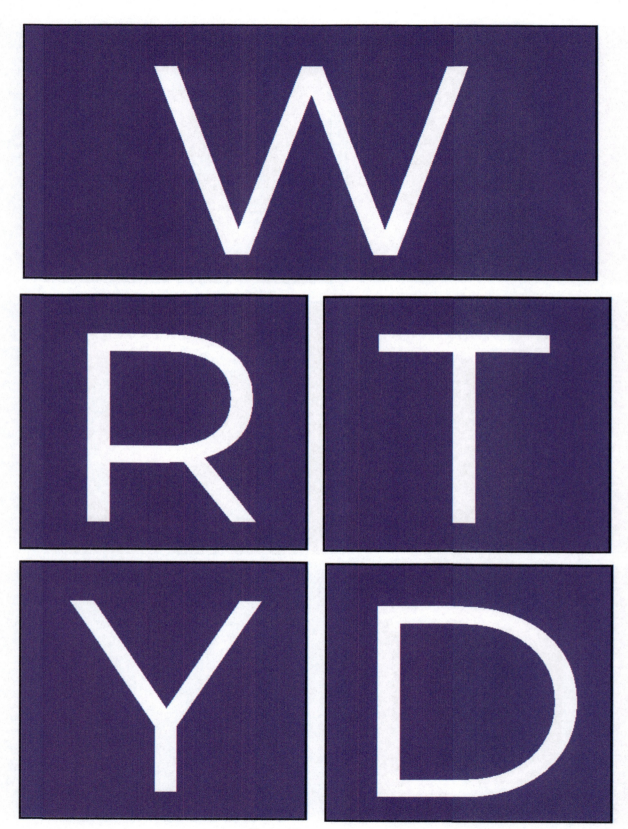

Album Linguaggio 1

Introduzione al linguaggio

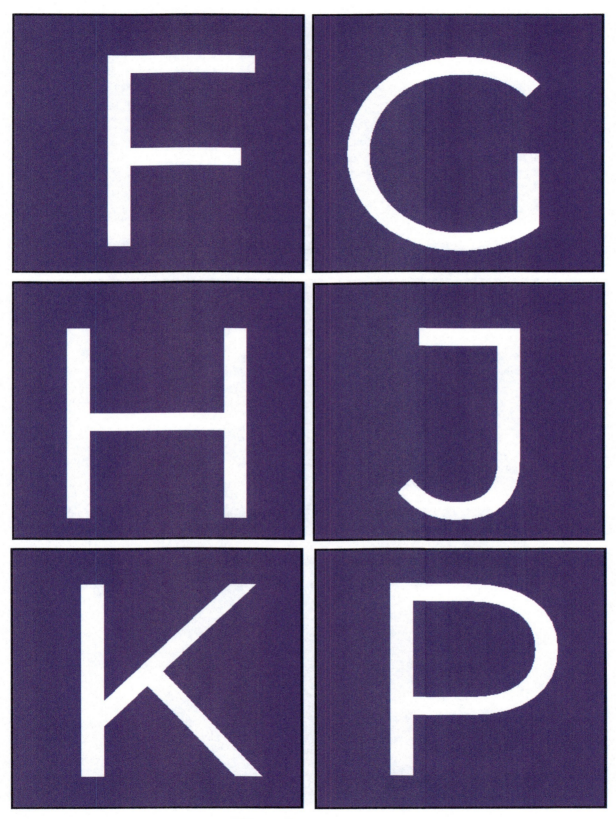

Album Linguaggio 1

Introduzione al linguaggio

Album Linguaggio 1

Introduzione al linguaggio

| ape | ape |
| APE | APE |

Album Linguaggio 1

Introduzione al linguaggio

aereo aereo

AEREO AEREO

Introduzione al linguaggio

| baco | baco |
| BACO | BACO |

Introduzione al linguaggio

banana   *banana*

BANANA   BANANA

Introduzione al linguaggio

| buca | buca |
| BUCA | BUCA |

Album Linguaggio 1 — 129

Introduzione al linguaggio

cane	cane
CANE	CANE

Album Linguaggio 1

Introduzione al linguaggio

| casa | casa |
| CASA | CASA |

Album Linguaggio 1

Introduzione al linguaggio

cera cera

CERA CERA

Album Linguaggio 1

Introduzione al linguaggio

cima   cima

CIMA   CIMA

Album Linguaggio 1

Introduzione al linguaggio

| dono | dono |
| DONO | DONO |

Introduzione al linguaggio

Album Linguaggio 1

Introduzione al linguaggio

| erba | erba |
| ERBA | ERBA |

Introduzione al linguaggio

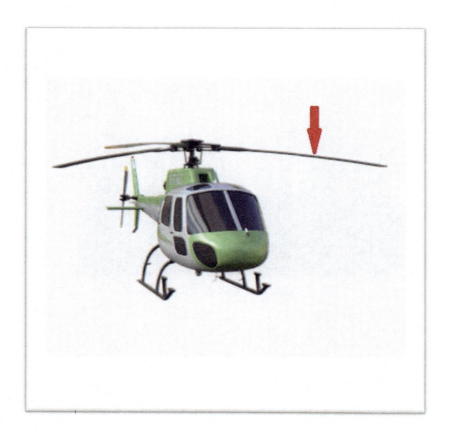

elica   elica

ELICA   ELICA

Album Linguaggio 1   137

Introduzione al linguaggio

fico

fico

FICO

FICO

Album Linguaggio 1

Introduzione al linguaggio

faro	*faro*
FARO	FARO

Album Linguaggio 1

Introduzione al linguaggio

gufo	gufo
GUFO	GUFO

Introduzione al linguaggio

isola   *isola*

ISOLA   ISOLA

Introduzione al linguaggio

| imbuto | imbuto |
| IMBUTO | IMBUTO |

Introduzione al linguaggio

limone   limone

LIMONE   LIMONE

Introduzione al linguaggio

luna · luna

LUNA · LUNA

Introduzione al linguaggio

mare	*mare*
MARE	MARE

Introduzione al linguaggio

mela   mela

MELA   MELA

Introduzione al linguaggio

| mora | mora |
| MORA | MORA |

Album Linguaggio 1

147

Introduzione al linguaggio

nave	nave
NAVE	NAVE

Album Linguaggio 1

Introduzione al linguaggio

nido	nido
NIDO	NIDO

Introduzione al linguaggio

| oca | oca |
| OCA | OCA |

Album Linguaggio 1

Introduzione al linguaggio

orto	orto
ORTO	ORTO

Album Linguaggio 1   151

Introduzione al linguaggio

pera	pera
PERA	PERA

Album Linguaggio 1

Introduzione al linguaggio

pane   *pane*

PANE   PANE

Introduzione al linguaggio

| rosa | rosa |
| ROSA | ROSA |

Album Linguaggio 1 — 154

Introduzione al linguaggio

rana	rana
RANA	RANA

Album Linguaggio 1

Introduzione al linguaggio

SOLE SOLE

sole sole

Introduzione al linguaggio

| SALE | SALE |
| sale | sale |

Introduzione al linguaggio

timo   timo

TIMO   TIMO

Introduzione al linguaggio

TANA	TANA
tana	tana

Album Linguaggio 1

Introduzione al linguaggio

Album Linguaggio 1

Introduzione al linguaggio

uva   uva

UVA   UVA

Album Linguaggio 1

Introduzione al linguaggio

vela	vela
VELA	VELA

Album Linguaggio 1

Introduzione al linguaggio

vaso   vaso

VASO   VASO

Introduzione al linguaggio

| zeta | zeta |
| ZETA | ZETA |

Introduzione al linguaggio

| zero | zero |
| ZERO | ZERO |

Album Linguaggio 1

Printed by Amazon Italia Logistica S.r.l.
Torrazza Piemonte (TO), Italy